信息系统协会中国分会（CNAIS）

信息系统学报

CHINA JOURNAL OF INFORMATION SYSTEMS

第21辑

清华大学经济管理学院 编

科学出版社

北 京

内 容 简 介

《信息系统学报》是我国信息系统科学研究领域内唯一的专门学术出版物，被信息系统协会中国分会指定为会刊。《信息系统学报》倡导学术研究的科学精神和规范方法，鼓励对信息系统与信息管理领域中的理论和应用问题进行原创性探讨和研究，旨在发表信息系统研究领域中应用科学严谨的方法论、具有思想性与创新性的研究成果。本书内容包括相关的理论、方法、应用经验等方面，涵盖信息系统各个研究领域，注重结合我国国情进行探讨，从而对我国和世界信息系统的研究与应用做出贡献。

《信息系统学报》主要面向信息系统领域的研究人员，其作为我国信息系统领域学术研究探索与发展的重要主流平台，为相关研究工作创造了一个友好而广阔的交流空间，推动着我国信息系统研究、应用及学科建设不断前进。

图书在版编目（CIP）数据

信息系统学报. 第 21 辑 / 清华大学经济管理学院编. —北京：科学出版社，2020.3
ISBN 978-7-03-063133-6

Ⅰ. ①信…　Ⅱ. ①清…　Ⅲ. ①信息系统-丛刊　Ⅳ. ①G202-55

中国版本图书馆 CIP 数据核字（2019）第 249257 号

责任编辑：陈会迎 / 责任校对：贾娜娜
责任印制：张　伟 / 封面设计：无极书装

科学出版社 出版
北京东黄城根北街 16 号
邮政编码：100717
http://www.sciencep.com

北京虎彩文化传播有限公司 印刷
科学出版社发行　各地新华书店经销

*

2020 年 3 月第　一　版　　开本：889×1194　1/16
2020 年 3 月第一次印刷　　印张：8 1/2
字数：230 000

定价：78.00 元
（如有印装质量问题，我社负责调换）

《信息系统学报》编委会

主 编 单 位　清华大学（经济管理学院）

副主编单位　北京大学（光华管理学院）　　　　复旦大学（管理学院）
　　　　　　哈尔滨工业大学（管理学院）　　　西安交通大学（管理学院）
　　　　　　中国人民大学（商学院）

参 编 单 位　北京大学（光华管理学院）　　　　　北京航空航天大学（经济管理学院）
　　　　　　北京理工大学（管理与经济学院）　　大连理工大学（管理与经济学部）
　　　　　　电子科技大学（管理学院）　　　　　东南大学（经济管理学院）
　　　　　　复旦大学（管理学院）　　　　　　　哈尔滨工业大学（管理学院）
　　　　　　合肥工业大学（管理学院）　　　　　华中科技大学（管理学院）
　　　　　　南开大学（商学院）　　　　　　　　清华大学（经济管理学院）
　　　　　　上海交通大学（安泰经济与管理学院）天津大学（管理与经济学部）
　　　　　　同济大学（经济与管理学院）　　　　武汉大学（信息管理学院）
　　　　　　西安交通大学（管理学院）　　　　　中国科技大学（管理学院）
　　　　　　中国人民大学（商学院、信息学院）　中南大学（商学院）
　　　　　　中山大学（管理学院）

通 信 地 址

北京市清华大学经济管理学院《信息系统学报》，邮政编码：100084。

联系电话：86-10-62789850，传真：86-10-62771647，电子邮件：CJIS@sem.tsinghua.edu.cn，网址：
http://cjis.sem.tsinghua.edu.cn。

《信息系统学报》审稿专家

梅姝娥（东南大学）　　　　　　　　闵庆飞（大连理工大学）
牛东来（首都经济贸易大学）　　　　潘　煜（北京邮电大学）
戚桂杰（山东大学）　　　　　　　　齐佳音（北京邮电大学）
邱凌云（北京大学）　　　　　　　　裘江南（大连理工大学）
任　菲（北京大学）　　　　　　　　任　明（中国人民大学）
任　南（江苏科技大学）　　　　　　单晓红（北京工业大学）
邵培基（电子科技大学）　　　　　　沈　波（江西财经大学）
宋明秋（大连理工大学）　　　　　　宋培建（南京大学）
孙建军（南京大学）　　　　　　　　苏　芳（暨南大学）
唐晓波（武汉大学）　　　　　　　　王　刚（合肥工业大学）
王　昊（清华大学）　　　　　　　　王　君（北京航空航天大学）
王刊良（中国人民大学）　　　　　　王　珊（中国人民大学）
卫　强（清华大学）　　　　　　　　闻　中（清华大学）
吴　亮（贵州师范大学）　　　　　　吴俊杰（北京航空航天大学）
夏　昊（哈尔滨工业大学）　　　　　肖静华（中山大学）
肖勇波（清华大学）　　　　　　　　谢　康（中山大学）
徐　心（清华大学）　　　　　　　　徐云杰（复旦大学）
许　伟（中国人民大学）　　　　　　严建援（南开大学）
严　威（中国传媒大学）　　　　　　闫相斌（哈尔滨工业大学）
颜志军（北京理工大学）　　　　　　杨　波（中国人民大学）
杨善林（合肥工业大学）　　　　　　杨　雪（南京大学）
杨彦武（中科院自动化所）　　　　　姚　忠（北京航空航天大学）
叶　强（哈尔滨工业大学）　　　　　易　成（清华大学）
殷国鹏（对外贸易大学）　　　　　　余　力（中国人民大学）
于笑丰（南京大学）　　　　　　　　余　艳（中国人民大学）
袁　华（电子科技大学）　　　　　　曾庆丰（上海财经大学）
张　诚（复旦大学）　　　　　　　　张金隆（华中科技大学）
张　瑾（中国人民大学）　　　　　　张　楠（清华大学）
张朋柱（上海交通大学）　　　　　　张　新（山东财经大学）
张紫琼（哈尔滨工业大学）　　　　　赵　昆（云南财经大学）
赵捧未（西安电子科技大学）　　　　赵　英（四川大学）
仲伟俊（东南大学）　　　　　　　　周　涛（杭州电子科技大学）
周中允（同济大学）　　　　　　　　朱庆华（南京大学）
左美云（中国人民大学）　　　　　　左文明（华南理工大学）
Chau Patrick Y. K.（University of Hong Kong）
Zhao Leon（City University of Hong Kong）

信息系统学报

第 21 辑

目　录

主编的话 ··· XIII

研究论文

社会化媒体中突发公共卫生事件舆情传播规律研究/丁学君，樊荣，苗蕊，王莹 ············· 1

基于心理防御视角的个体网络知识分享研究/李玉豪，王刊良 ································· 15

项目描述的欺诈性与众筹投资意愿：基于文本分析的方法/沈倪，王洪伟，王伟 ··········· 28

基于脑电技术的手机游戏用户体验评价研究/姜钧译，郭伏，吕伟，王瑶，肖扬 ··········· 38

微信公众号内植入广告对用户持续使用公众号影响的研究/张光前，张席婷 ··············· 53

在线医疗平台老年与非老年用户需求及满意度对比分析——以春雨医生为例/赵英，李佳，周良，李芳菲 ······· 67

基于使用行为分析的共享单车管理优化研究/傅哲，辛泓润，余力，徐冠宇 ··············· 81

基于 PLSR-IBPSO 的有约束组合优化问题求解方法研究——以人机交互界面设计为例/郭伏，屈庆星 ······· 95

基于非线性特征提取和加权 K 最邻近元回归的预测模型/唐黎，潘和平，姚一永 ··········· 109

China Journal of Information Systems

CONTENTS

EDITORS' NOTES ⋯⋯ XIII

ARTICLES

Research on Public Opinion Propagation of Public Health Emergencies in Social Media / DING Xuejun, FAN Rong,
MIAO Rui, WANG Ying ⋯⋯ 1

Knowledge Sharing in Personal Networking: A Perspective of Psychological Defense / LI Yuhao, WANG Kanliang ⋯⋯⋯⋯ 15

The Impact of Fraudulent Clue in Crowdfunding Campaign Description on Investment Willingness through Text
Analytics / SHEN Ni, WANG Hongwei, WANG Wei ⋯⋯⋯⋯⋯⋯⋯⋯⋯⋯⋯⋯⋯⋯⋯⋯⋯⋯⋯⋯⋯⋯⋯⋯⋯⋯ 28

Research on Evaluation of Mobile Game User Experience Based on Electroencephalogram Technology / JIANG Junyi,
GUO Fu, LV Wei, WANG Yao, XIAO Yang ⋯⋯⋯⋯⋯⋯⋯⋯⋯⋯⋯⋯⋯⋯⋯⋯⋯⋯⋯⋯⋯⋯⋯⋯⋯⋯⋯⋯⋯ 38

Research on WeChat Users' Continuance Use Behavior Affected by Implantable Advertising / ZHANG Guangqian,
ZHANG Xiting ⋯⋯ 53

A Comparison of Elderly and Non-Elderly's Needs and Satisfaction in Online Medical Platforms—The Case of
"Chun Yu Doctor" / ZHAO Ying, LI Jia, ZHOU Liang, LI Fangfei ⋯⋯⋯⋯⋯⋯⋯⋯⋯⋯⋯⋯⋯⋯⋯⋯⋯ 67

Management and Optimization of Shared Renting Bicycle Based on User Behavior Analysis / FU Zhe, XIN Hongrun,
YU Li, XU Guanyu ⋯⋯⋯⋯⋯⋯⋯⋯⋯⋯⋯⋯⋯⋯⋯⋯⋯⋯⋯⋯⋯⋯⋯⋯⋯⋯⋯⋯⋯⋯⋯⋯⋯⋯⋯⋯⋯⋯⋯ 81

The PLSR-IBPSO Algorithm for Solving Constrained Combinatorial Optimization Problem—A Case Study of User
Interface Design / GUO Fu, QU Qingxing ⋯⋯⋯⋯⋯⋯⋯⋯⋯⋯⋯⋯⋯⋯⋯⋯⋯⋯⋯⋯⋯⋯⋯⋯⋯⋯⋯⋯ 95

Prediction Model Based on a Nonlinear Feature Extraction and Weighted K-Nearest Neighbor / TANG Li, PAN Heping,
YAO Yiyong ⋯⋯⋯ 109

主 编 的 话

本期《信息系统学报》是总第 21 辑，共收录 9 篇研究论文。这些论文呈现了高度多样化的研究视角和方法。在社会化媒体已经成为突发公共卫生事件舆情传播重要渠道的背景下，丁学君等的论文分析了社会化媒体中突发公共卫生事件舆情传播的规律，探究了"反沉默螺旋"效应下网民情绪的演化过程，提出了社会化媒体中突发公共卫生事件舆情治理建议；在组织行为的视角下，李玉豪和王刊良的论文基于心理防御理论，建立了模型和相关假设以分析影响知识员工采用个体社交工具分享知识的因素，并探讨了结果的理论和实践意义；针对众筹市场平台，沈倪等的论文采用文本分析与计量模型结合的方法，检验项目描述的欺诈性对参与者投资意愿的影响；在人机交互的视角下，姜钧译等的论文针对手机游戏用户体验的评价问题，利用脑电技术记录不同用户体验水平的手机游戏引起的被试脑电活动变化，并结合量表测量以交叉验证评价的有效性；在社会心理学的视角下，张光前和张席婷的论文基于使用与满足理论和信息系统的持续使用理论，研究了感知趣味、信息质量、社会影响三类需求和广告担忧对用户公众号满意度与持续使用行为的影响；同样是在社会心理学的视角下，赵英等的论文聚焦于在线医疗平台上的老年用户，基于从真实应用平台上采集的数据，分析了老年用户与非老年用户对在线医疗平台的需求差异及满意度差异，从而为在线医疗平台提出相关建议；在运筹优化的视角下，傅哲等的论文以纽约市 Citi Bike 共享单车的使用数据为样本，采用运输问题模型构建了高峰时段的调度策略，探索共享单车在各站点间调度的最小代价方案，以缓解共享单车时空分布失衡的问题；同样是在优化方法的视角下，郭伏和屈庆星的论文针对工程与管理领域中的有约束组合优化问题，提出了考虑高维变量、多重相关性及变量间有强约束关系的数学模型；在预测方法的视角下，唐黎等的论文针对金融数据时间序列预测问题，提出了采用前向滚动经验模态分解对金融时间序列数据进行信号分解的模型，并结合主成分分析法和 K 最邻近算法以实现向量组降维与回归预测。

我们希望本期刊登的这些文章能够在促进科学探讨、启发创新思维、分享学术新知方面发挥应有的作用，同时希望《信息系统学报》得到大家的更多关注并刊登更多高水平的文章。谨向关心和支持《信息系统学报》的国内外学者、同仁及各界人士致以深深的谢意。感谢参与稿件评审的各位专家的辛勤工作，感谢各位作者对学报的支持及在出版过程中的配合，并感谢科学出版社在编辑和出版过程中的勤恳努力！

主　编：陈国青

副主编：黄丽华　李　东　李一军　毛基业　王刊良

2019 年 2 月于北京

社会化媒体中突发公共卫生事件舆情传播规律研究*

丁学君，樊　荣，苗　蕊，王　莹

（东北财经大学 管理科学与工程学院，辽宁 大连 116025）

摘　要　社会化媒体已经成为突发公共卫生事件舆情传播的重要渠道。因此，分析社会化媒体中突发公共卫生事件舆情传播规律，对于相关部门制定有效的舆情治理策略，具有十分重要的意义。本文以新浪微博为例，以不同类型的"关键节点"为中心所形成的舆情传播网络为研究对象，运用信息空间模型及社会网络分析方法，将节点特征与网络整体结构特征相结合，分析社会化媒体中突发公共卫生事件舆情传播规律，并进一步探究"反沉默螺旋"效应下网民情绪的演化过程，最后给出社会化媒体中突发公共卫生事件舆情治理建议。

关键词　社会化媒体，突发公共卫生事件，网络舆情，社会网络分析，信息空间模型

中图分类号　C931.6

1　引言

我国是突发公共卫生事件多发国家。处于社会转型期的中国，长期面临着各类突发公共卫生事件的严峻挑战，如 2003 年的"非典疫情"、2005 年的"松花江水污染事件"、2008 年的"三鹿奶粉事件"及 2013 年的"禽流感疫情"等，均给人们的生命和财产造成了重大损失。

研究表明，与其他类型的舆情相比，突发公共卫生事件舆情具有突发性、持续性、多变性、非理性和群体极化性的基本特征，这些特征将导致事件危害性的扩大和恐慌情绪的蔓延，甚至激发一系列衍生事件，从而加剧突发公共卫生事件的控制难度。例如，2003 年暴发的"非典疫情"，造成大量舆情信息的传播，而舆情的传播又引发了板蓝根、体温计和米醋等物品的抢购热潮；2013 年暴发的"禽流感疫情"，同样在长时间内占据了社会舆论场的核心，并造成市场上板蓝根的哄抢现象。

目前，微博及微信等各类社会化媒体不断涌现，并因其庞大的用户规模和开放性、即时性与互动性等特点，成为舆情传播的重要渠道之一[1]。为此，本文以新浪微博为例，对社会化媒体中的突发公共卫生事件舆情传播规律进行深入分析。本文的研究结论将为相关部门提高对突发公共卫生事件舆情的判断能力和控制能力，进而有效地干预、控制和引导突发公共卫生事件中的社会公众行为，提供决策理论、方法和支持工具。

---

* 基金项目：国家自然科学基金项目（71874025，71503033，71672023，71801032，71601038）；辽宁省教育厅项目（LF201783608，LN2017FW004）；东北财经大学校级项目（FDY18004）。

通信作者：丁学君，东北财经大学管理科学与工程学院，副教授，E-mail：dingxj812@163.com。

2　相关研究

近年来，突发公共卫生事件舆情传播问题的研究正逐渐受到国内外学者的关注。然而，现有文献往往将舆情传播周期划分为前驱期、爆发期、波动期及消退期等多个阶段，进而研究不同时期内舆情发展演变的阶段性特点。随着社会化媒体的广泛使用，突发事件舆情传播的持续时间逐渐缩短，传播阶段彼此重叠，因此部分学者将研究重点转移到舆情传播网络的整体特征和参与者的心理及行为研究领域。

目前，学者们主要基于搜索引擎和社会化媒体数据，分析突发公共卫生事件舆情传播网络的整体特征。滕文杰等基于搜索引擎数据，分析了舆情的区域特性、时间分布等特点[2-4]，并进一步研究了未在网络上发声的潜在传播者的行为。基于社会化媒体数据，学者们侧重于研究社交文本、用户间的交互作用对舆情传播过程的影响，如舆情与疫情发展的相关性[5]、权威信息对用户讨论量的影响[6]、个体用户对集群的影响等[3]。社会化媒体中，网民通过转发和评论，驱动舆情不断扩散并最终形成舆论场。该舆论场可以被进一步抽象描述为节点间随机连接而形成的在线社会网络。基于此，王晰巍等利用社会网络分析方法，用中心性特征验证了移动环境下网络舆情信息传播的有效性[7]；任立肖等分析比较了不同复杂网络模型下的舆情传播规律[8]；贾红雨等则对网络话题进行了网络图谱模块化分析[5]。以上研究从宏观角度，分析了突发公共卫生事件网络舆情传播规律，并进一步识别了社会化媒体中的重要相关主体——权威用户、意见领袖及普通网民对舆情传播过程的影响，但缺少对传播者心理及行为的深入分析。

舆情传播行为往往是在个体心理诉求的驱动下产生的，如社会化媒体用户通常以求知或消除疑虑为目的，对相关舆情进行转发。因此，有必要进一步分析舆情传播过程中的用户心理及行为，从而设计出有效的舆情治理策略。为此，Cowling 等从心理学角度，针对网民传播行为的个体差异给出了较为完整的解释：网民在事件中的安全距离、平台的审查制度及健康诉求是决定其是否在平台上发表观点的主要因素[9-11]；网民观点在发布时间上和表达情绪上的极化现象，也可以通过传播学的"沉默的螺旋"和"两级传播理论"得以解释[12]。基于此，吴诗贤和张必兰建立了基于信息交换链路的观点演化模型[13]；赵卫东等研究了突发事件网络信息传播过程中，网民群体的情绪传播机制[14]；刘知远等对微博中谣言文本进行了聚类与分类处理，进而提出基于谣言传播周期的自动辟谣框架[15]。但是，上述研究仅从微观角度分析舆情传播过程中的个体情绪、观点及行为，却忽略了舆情传播网络的整体结构特征对舆情传播过程的影响，尤其忽略了作为在线社会网络中的关键节点——意见领袖，对舆情传播所起到的推动作用。

研究表明，意见领袖在舆情信息发布与促进转发等方面具有较大的影响力，是舆情传播的主力军，但基于不同方法识别出的意见领袖存在一定的偏差[16]。除了社会化媒体中的"VIP 用户"，"草根用户"也有可能成为舆情传播的关键节点[17]。因此，有必要对以上两类关键节点用户的心理和行为进行深入分析，并进一步揭示其对舆情传播过程的影响。此外，研究表明，文本内容也会在一定程度上影响舆情扩散的广度和深度[7, 18, 19]。

为此，本文以新浪微博为例，以不同类型的关键节点为中心所形成的突发公共卫生事件舆情传播网络为研究对象，运用信息空间模型及社会网络分析方法，将节点属性与网络整体特征相结合，探究突发公共卫生事件网络舆情的传播规律；并以"新浪微博山东非法疫苗舆情"为例，进一步分析"反沉默螺旋"效应，即少数意见作用下，网络中用户情绪随时间的演化过程，从而从转发关系和舆情内容特征两个方面，对社会化媒体中突发公共卫生事件舆情传播规律进行深入分析。

3 数据收集与处理

3.1 数据收集

为横向比较不同发生时间、不同事件性质、不同舆论中心下，突发公共卫生事件的舆情传播特征，本文以新浪微博为数据获取平台，以集搜客为舆情抓取工具，分别获取了以"@贾乃亮"为中心节点的"山东非法疫苗事件"讨论微博（微博 1）①、以"@新浪广西"为中心节点的"H7N9 事件"广播微博（微博 3）②、以"@五岳散人"为中心节点的"3·15 日本核辐射食品曝光事件"讨论微博（微博 4）③等 3 篇微博的转发数据。3 篇微博分别对应 3 种不同舆论中心驱动的突发公共卫生事件舆情——粉丝驱动型、权威驱动型及内容驱动型，且涵盖范围广、讨论量大，是近年内发生的颇具代表性的突发公共卫生事件舆情。

本文分别在 2016 年 4 月 10 日、2017 年 2 月 27 日、2017 年 3 月 16 日，以关键词、博主性质、抓取数量为筛选标准，通过微博高级搜索功能，为既定事件筛选可分析的微博，最终确定为本文提供基础数据支持的 3 篇微博，并在分析数据的过程中，发现了疫苗事件的"外部刺激点"——"@辟谣与真相"发布的疫苗失活的科普性转发微博（微博 2）。因为该微博很大程度上改变了网民对"山东非法疫苗事件"的态度，所以本文也对该微博进行了分析，具体如表 1 所示。

表 1 新浪微博属性对比分析

微博属性	微博 1	微博 2	微博 3	微博 4
博主 ID	@贾乃亮	@辟谣与真相	@新浪广西	@五岳散人
主要内容	狂犬疫苗、流感疫苗等儿童需要注射的疫苗存在造假现象，28℃的疫苗运输温度最后放在 30℃以上的仓库，有的疫苗遇热会产生对人体有害的物质，若被注入人体，则后果不堪设想	以正义之名制造恐慌？——世界卫生组织回应中国疫苗事件：不正确储存或过期的疫苗几乎不会引起毒性反应，因此在本事件中，疫苗安全风险非常低。儿童面临的风险在于缺乏对疾病的预防能力④	2017 年 2 月 24 日 23 时许，广西壮族自治区卫生和计划生育委员会通报：2 月 24 日，广西报告 1 例禽流感病例，患者为平乐县人，发病前曾有食用自家病鸡肉史，因病情危重，该患者经抢救无效死亡	东京核辐射强度较低，仅局部区域核辐射超标，对此有疑虑的消费者，您不适合在本店消费
关键词	疫苗	疫苗	H7N9	核辐射
时间跨度	2016 年 3 月 22 日 10 时~2016 年 4 月 10 日 7 时	2016 年 3 月 22 日 20 时~2016 年 3 月 25 日 23 时	2017 年 2 月 25 日 10 时~2017 年 2 月 27 日 21 时	2017 年 3 月 15 日 21 时~2017 年 3 月 16 日 18 时
博主性质	名人博主	草根博主	政务博主	评论性博主
抓取数量	5117 条	238 条	1533 条	638 条

3.2 数据处理

将 3.1 节中抓取的微博转发数据进行字段规范化处理后，对参与其中的用户分别编码，其中 A1~

---

① "山东非法疫苗事件"是指 2016 年 3 月，山东警方破获案值 5.7 亿元非法疫苗案，疫苗未经严格冷链存储运输销往 24 个省市。此案话题敏感、涉及金额较大、牵扯相关权威人物较多，话题热度居高不下。

② "H7N9 事件"是指 2017 年入春以来，福建、云南、湖南等 16 个地区均出现人感染 H7N9 流感病例，其中广西一农户食用自家病鸡肉，感染 H7N9 病毒死亡，病毒传染风险引起公众恐慌。

③ 2017 年中央电视台的《3·15 晚会》曝光了国内跨境电商平台出售来自日本福岛核辐射污染区域食品的问题。而早在 2011 年，国家质量监督检验检疫总局即发布了《关于禁止部分日本食品农产品进口的公告》。该报告指出：禁止进口日本福岛县、栃木县、群马县、茨城县、千叶县的乳品、蔬菜及其制品、水果、水生动物及水产品。

④ 《世界卫生组织：不正确储存或过期疫苗几乎不会引起毒性反应》，http://www.xinhuanet.com/world/2016-03/22/c_1118409442.htm [2016-03-22]。

A3964 为微博 1 传播网络用户；B1~B1526 为微博 3 传播网络用户；C1~C635 为微博 4 传播网络用户。在本文构建的转发矩阵中，"行"为被转发者，"列"为转发者。若"列成员"转发了"行成员"的微博，则在行列交叉处标记"1"，反之标记为"0"，行列均为同一 ID 时标记为"0"，从而构建了舆情有向转发矩阵。最终，分别针对微博 1 构建了规模为 3964×3964 的舆情有向转发矩阵；针对微博 3 构建了规模为 1526×1526 的舆情有向转发矩阵；针对微博 4 构建了规模为 635×635 的舆情有向转发矩阵。

此外，本文还按照情感倾向对用户的转发情绪进行了分类处理[13]，以分析网络中用户情绪随时间的演化过程。分词工具（如百度分词等）主要采用关键词提取分析技术来实现分词，却不能对发言者的情感倾向做出明确判断，因此本文为了探究意见领袖微博的影响力和作用效果，以及话题派系的形成情况，对转发情绪进行了人工分类。因为并非所有微博的转发均伴有情绪倾向，所以除去无意义或无文字表述的转发微博，最终筛选出 1435 条有效转发微博，并进行人工分词。考虑到微博 1 的转发情绪，可能因为微博 2 的发出而有所改变，所以选取微博 2 的发布时间为时间节点，在其发布前后分别统计人工分词词频。

4　舆情传播规律研究

4.1　舆情传播网络信息空间模型

本文根据信源身份，将社会化媒体中突发公共卫生事件舆情传播网络划分为以下三种类型：粉丝驱动型、权威驱动型及内容驱动型[20]。舆情传播过程也属于一种典型的信息传播过程，因此网民对社会化媒体的使用不仅出于社交需要，而且将其作为信息加工与传递的重要载体[16]。英国学者马克斯在研究知识资产时提出了信息空间模型（information space model，ISM），即知识的传播难易程度取决于知识的可扩散、可加工及可编码程度。在共享的信息渠道中，经过较少加工的信息更容易被接受者识别，信息也就更容易扩散[21]。本文将这种信息空间模型应用到舆情传播研究中，即将舆情传播网络中的节点属性抽象为扩散、传递及加工三个维度，分别以度数中心度、中间中心度及接近中心度加以衡量。具备较高中间中心度及接近中心度的节点，往往具有明显的结构洞特征，其传递效率较高，且此类节点往往出现在信息传播级联中加工较少的层级上。如果信息传播网络中大多数节点具备较高传递效率，其所接收的信息未被加工或加工较少，则该网络整体上符合小世界特征[22]，即节点间的平均距离较小；相反，如果网络中信息被加工成几个明显的派系，则网络整体上符合 k-核特征（图 1）。

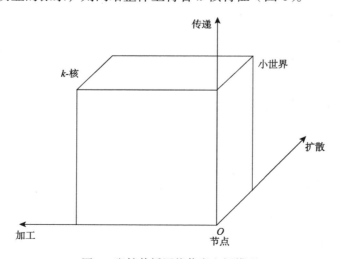

图 1　舆情传播网络信息空间模型

为此，本文将信息传递级数定义为信息加工次数，并将用户在转发微博时体现出的情绪变化，看作对原始信息的再次加工。与搜索引擎指数的传播模式不同，舆情在社会化媒体中的传播模式是显性的，即参与者不仅关注事件的发展，还会以文本评论的方式发表观点、表达情绪。一般来说，言辞激烈的极端情绪更容易引发舆情的传播[23]，而当舆情进入消退期时，网民情绪也趋于稳定。基于此，本文通过分析舆情文本数据来揭示用户情绪的演化规律。

4.2 舆情传播网络的结构特征分析

本文选取近几年内发生的 3 个典型案例，分别代表粉丝驱动型、权威驱动型及内容驱动型等三类典型的突发公共卫生事件舆情传播网络，并通过分析比较三类舆情传播网络的结构特征，揭示社会化媒体中突发公共卫生事件网络舆情传播规律。

4.2.1 节点特征分析

1）度数中心度

舆情在社会化媒体中传播的基本模式是网络中其他用户通过转发，把信息发出者的信息传递出去。在舆情传播网络中，可利用信息接收节点与信息源节点的直接连接情况来刻画行动者在网络中的直接影响力，即度数中心度。本文得到了传播网络度数中心度的分布情况，如表 2 所示（3 个微博的参与人数不同，因此本文中的中心度特征用相对值描述）。

表 2 不同事件舆情传播网络相对度数中心度对比（前 10 位）

排序	微博 1		微博 3		微博 4	
	ID 编号	相对度数中心度	ID 编号	相对度数中心度	ID 编号	相对度数中心度
1	A1	74.287 155	B1	96.262 299	C1	85.646 690
2	A4	7.241 988	B1515	0.655 738	C617	1.261 830
3	A2	4.693 414	B847	0.393 443	C247	0.788 644
4	A32	4.390 613	B885	0.393 443	C558	0.788 644
5	A8	1.640 172	B487	0.262 295	C626	0.788 644
6	A6	0.731 769	B1513	0.262 295	C327	0.630 915
7	A33	0.227 101	B1518	0.262 295	C619	0.630 915
8	A3784	0.227 101	B393	0.196 721	C633	0.630 915
9	A2238	0.201 867	B949	0.196 721	C28	0.473 186
10	A2906	0.176 634	B1516	0.196 721	C224	0.473 186

横向比较 3 个事件的转发网络，排序为 1 的是中心节点，即信息发出者，影响力最大。中心节点的相对度数中心度越小，网络中越容易出现数值较大的次节点，这是因为如果在网络中存在影响力较大的次节点，将在一定程度上削弱中心节点在该网络中的影响力，但会使得舆情信息在网络中的转发数量明显增加，即促进了舆情信息的进一步扩散。这种具有较大影响力的次节点的产生机理，需要在未来的工作中进一步研究。

2）中间中心度

网络中并非所有行动者都直接关联，如果一个节点处于其他节点对的测地线上，即最短途径上，则认为该节点具有较高的中间中心度，该节点即为舆情传播网络中贡献较大的次节点。根据本文构建的 3 个舆情传播数据集，分别得到微博 1、微博 3 和微博 4 的舆情传播网络相对中间中心度的分布情况（前

10 个节点），如表 3 所示。

表 3　不同事件舆情传播网络相对中间中心度对比（前 10 位）

排序	微博 1		微博 3		微博 4	
	ID 编号	相对中间中心度	ID 编号	相对中间中心度	ID 编号	相对中间中心度
1	A1	98.583 359	B1	99.984 169	C1	98.638 496
2	A4	16.087 202	B1521	1.304 505	C617	2.493 260
3	A32	9.520 444	B1515	1.177 230	C247	1.872 312
4	A2	9.112 458	B885	1.046 255	C599	1.868 325
5	A8	3.152 125	B487	0.785 078	C236	1.865 833
6	A6	1.407 186	B847	0.654 877	C626	1.561 838
7	A2052	0.904 034	B1524	0.393 098	C224	1.559 346
8	A33	0.878 991	B473	0.392 926	C558	1.250 368
9	A2906	0.804 826	B773	0.392 926	C509	1.247 876
10	A3778	0.503 140	B1513	0.305 753	C597	1.247 876

　　对比表 2 与表 3，相对度数中心度大的次节点，相对中间中心度也较大，但数值的大小排列顺序并不完全相同，这与次节点的权利有关。例如，节点 B 转发了次节点 A 的微博后，节点 C 又转发了节点 B 的微博，那么节点 B 也成了网络中的一个次节点，且节点 C 的转发行为，对次节点 A 的传播能力进行了加权。在度数中心度均为 1 的情况下，次节点 A 的相对中间中心度大于次节点 B 的相对中间中心度。舆情传播过程中，明星节点 A2 的传播能力下降，说明明星效应虽然扩展了舆情传播的广度，但并未加深舆情传播的深度，即转发级联中仅再增加一个层次，转发过程就可结束；评述性节点 A32 的传播能力提高，说明如果节点对转发的舆情内容进行进一步加工，则容易引起转发级联深度的递增。

　　3）接近中心度

　　接近中心度反映网络中某一节点与其他节点之间的接近程度。对于一个节点，其距离其他节点越近，那么它的接近中心度越大。根据本文构建的 3 个舆情传播数据集，分别得到微博 1、微博 3 和微博 4 的舆情传播网络相对接近中心度分布情况（前 10 个节点），如表 4 所示。

表 4　不同事件舆情传播网络相对接近中心度对比（前 10 位）

排序	微博 1		微博 3		微博 4	
	ID 编号	相对接近中心度	ID 编号	相对接近中心度	ID 编号	相对接近中心度
1	A1	23.228 416	B1	95.193 504	C1	19.276 377
2	A4	19.472 288	B1521	49.098 518	C617	16.248 077
3	A32	19.214 546	B1515	49.066 925	C247	16.231 440
4	A2	19.195 002	B487	48.972 382	C599	16.231 440
5	A3067	19.157 885	B847	48.940 948	C236	16.231 440
6	A119	19.031 839	B1524	48.878 204	C626	16.223 131
7	A195	19.031 839	B1513	48.878 204	C558	16.218 983
8	A323	19.031 839	B1518	48.878 204	C509	16.214 834
9	A2076	19.021 791	B1516	48.846 893	C619	16.206 545
10	A2889	19.021 791	B33	48.815 620	C633	16.206 545

由表4可知，虽然不同节点的影响力不同，但不同节点的相对接近中心度数值却差异不大，说明被研究节点与关联节点的距离都很短。社会化媒体中，信息源集中分布在少数意见领袖上，网络中的用户能够很快搜寻到这些信息，不需要通过中间节点来传递，说明用户也倾向于这种更有效率的传递方式。微博3是以官方信息为信息源构成的传播网络，传播级联中更多的是未被加工的一手信息，所以中心节点与其他节点的相对接近中心度数值差距反而更大。

4）结构洞分析

结构洞特征描述了舆情网络的效率：如果所有次节点都与被研究节点直接相连，则网络具有较高的效率。此外，如果所有节点都以链式结构关联，则网络效率也较高。但在实际社会化媒体中，这两种情况均不可能发生。有时被研究节点A将信息分别传递给节点B和节点C，但节点C同时从节点B处获取信息，那么节点A与节点B的关联就是冗余的。社会网络分析法用有效规模、效率、限制度、等级度四个指标描述舆情网络的非冗余程度：一个行动者的有效规模等于该行动者的个体规模减去网络的冗余度；效率等于该点的有效规模与实际规模之比；限制度指的是该点在自己的网络中拥有结构洞的能力；等级度指的是限制性在多大程度上集中在一个行动者身上[22]。本文针对微博1、微博3和微博4的转发网络矩阵进行结构洞特征分析，如表5~表7所示。

表 5　微博 1 转发矩阵有效规模、效率、限制度、等级度指标（前 10 位）

ID 编号	A1	A4	A2	A32	A8	A6	A33	A3784	A2906	A3795
有效规模	2943.988	286.993	185.946	173.966	64.969	29.000	9.000	9.000	7.000	7.000
ID 编号	A1	A2	A3	A4	A5	A6	A7	A8	A9	A10
效率	1.000	1.000	1.000	1.000	1.000	1.000	1.000	1.000	1.000	1.000
ID 编号	A7	A11	A12	A13	A16	A17	A18	A19	A20	A24
限制度	1.000	1.000	1.000	1.000	1.000	1.000	1.000	1.000	1.000	1.000
ID 编号	A7	A11	A12	A13	A16	A17	A18	A19	A20	A24
等级度	1.000	1.000	1.000	1.000	1.000	1.000	1.000	1.000	1.000	1.000

表 6　微博 3 转发矩阵有效规模、效率、限制度、等级度指标（前 10 位）

ID 编号	B1	B1515	B847	B885	B487	B1513	B1518	B393	B949	B1516
有效规模	1468.000	10.000	6.000	6.000	4.000	4.000	4.000	3.000	3.000	3.000
ID 编号	B1	B2	B3	B4	B5	B6	B7	B8	B9	B10
效率	1.000	1.000	1.000	1.000	1.000	1.000	1.000	1.000	1.000	1.000
ID 编号	B2	B3	B4	B5	B6	B7	B8	B9	B10	B11
限制度	1.000	1.000	1.000	1.000	1.000	1.000	1.000	1.000	1.000	1.000
ID 编号	B2	B3	B4	B5	B6	B7	B8	B9	B10	B11
等级度	1.000	1.000	1.000	1.000	1.000	1.000	1.000	1.000	1.000	1.000

表 7　微博 4 转发矩阵有效规模、效率、限制度、等级度指标（前 10 位）

ID 编号	C1	C617	C247	C626	C558	C327	C619	C633	C28	C224
有效规模	542.989	8.000	5.000	5.000	4.600	4.000	4.000	4.000	3.000	3.000
ID 编号	C1	C2	C3	C4	C6	C7	C9	C10	C11	C12
效率	1.000	1.000	1.000	1.000	1.000	1.000	1.000	1.000	1.000	1.000

续表

ID 编号	C2	C3	C6	C7	C9	C10	C11	C12	C13	C14
限制度	1.000	1.000	1.000	1.000	1.000	1.000	1.000	1.000	1.000	1.000
ID 编号	C2	C3	C6	C7	C9	C10	C11	C12	C13	C14
等级度	1.000	1.000	1.000	1.000	1.000	1.000	1.000	1.000	1.000	1.000

因为舆情网络中节点的关联方式以前面介绍的两种有效率的方式居多，所以节点的有效规模情况与度数中心度基本相同，有效规模排序是度数中心度排序的验证；三个转发网络都有很大比例的节点的效率指标为 1，说明节点间信息传递冗余少，网络中行动者对信息发出者是信任的，行动者所接触的一手信息决定了其对事件的态度及传播观点；限制度和等级度的排序基本相同，三个转发网络都有很大比例的节点的数值为 1，表明以被研究节点为中心所形成的子网闭合性较好，且冗余程度较低；而有效规模大的节点往往限制度和等级度不高，说明这些节点覆盖的网络开放性好，对舆情传播的贡献大。

4.2.2　网络整体特征分析

1）小世界分析

由图论可知，小世界网络就是一个由大量顶点构成的图，其中任意两点之间的平均路径长度的数值比顶点数量的数值小得多，在社会网络中表现为：两个没有直接相连的节点，可以通过较短的路径连通。根据小世界理论的定义，稀疏且高度聚类的网络符合小世界特征，具体表现为聚类系数相对较大，特征途径长度相对较小[23]。表 8 给出的特征途径长度显示，在 3 个微博舆情转发网络中，任何两个节点之间的平均距离为 2~3，这意味着两个节点之间仅需要 1~2 个中间人，就可以建立联系了，所以转发网络符合小世界特征。

表 8　不同事件舆情传播网络小世界特征

微博编号	聚类系数	特征途径长度
微博 1	0.081	2.585
微博 3	0.000	2.099
微博 4	0.073	2.371

2）k-核分析

如果一个子图中的全部点都至少与该子图中的其他 k 个点邻接，则称这样的子图为 k-核。一般来说，作为一类凝聚子群，k-核有自己的优势所在，k-核不一定是具有高度凝聚力的子群，但它们能够表现出与派系类似的性质。本文针对微博 1、微博 3 和微博 4 的转发网络矩阵进行 k-核分析，如表 9 所示。3 个转发矩阵的 k 值均为 2，聚类数分别为 3915 个、1519 个、625 个，说明微博 1 的所有转发节点可以分成 3915 个类，微博 3 的所有转发节点可以分成 1519 个类，微博 4 的所有转发节点可以分成 625 个类。每个网络的聚类数与节点数相近，说明在突发公共卫生事件的转发矩阵中，基于网络的虚拟性和话题的敏感性，人们的心理活动更加复杂，导致观点较为分散，无法形成强烈的认同感，这为舆情的疏导增加了难度。同时再次印证了小世界特征，即网络规模较大，且其中的关系稀松，不存在整个网络的核心节点，但整个网络却是高度聚类的。相反，如果转发网络符合 k-核特征，则网络中存在明显的社区性，即网络由若干较为明显的社区构成，社区内部用户之间的联系较为紧密，而社区之间用户的联系较为松散。可见，微博 1、微博 3 和微博 4 的转发网络并不符合 k-核特征，没有明显的派系，所以在进行舆情疏导与监管策略设计时，应该更多考虑舆情传播路径的发散性。

表9 不同事件舆情传播网络 *k*-核特征

微博编号	*k* 值	聚类数/个
微博 1	2	3915
微博 3	2	1519
微博 4	2	625

3）转发网络传播云图分析

本文分别基于前文构建的微博 1、微博 3 和微博 4 的舆情转发数据集，以转发用户为节点，以用户之间的转发关系为边，使用 NetDraw 绘制了微博 1、微博 3 和微博 4 的舆情传播云图，如图 2 所示。

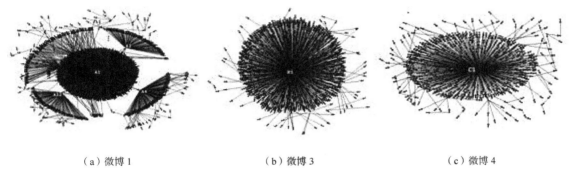

（a）微博 1　　　　　　　（b）微博 3　　　　　　　（c）微博 4

图 2　舆情传播云图

由图 2 可知，与微博 3 及微博 4 相比，微博 1 传播云图存在明显的次节点，这与中心节点和次节点在度数中心度数值上的差值有关。因为在微博 3 及微博 4 所形成的舆情网络中，相对中心节点，其他节点为舆情传播做出的贡献太小，所以难以在舆情传播云图中加以体现。从以上 3 个舆情传播云图中很难发现结构洞所描述的冗余情况，说明舆情在社会化媒体上可以高效率传播。

4.3　舆情参与者的情绪演化分析

研究表明，在社会化媒体中，舆情演化与舆情传播环境有关[24]。根据沉默螺旋理论，新参与用户因为惧怕被孤立，会伺机等待网络中主流舆论与自己观点相同或相近时再发表言论。而随着网络传播心理及行为的不断演化，学者们提出了"反沉默螺旋"理论，即部分少数意见反而会被大多数网民所接受[25]。对比粉丝驱动型用户、权威驱动型用户及评论驱动型用户，以及以他们为中心所形成的突发事件舆情传播网络可知：主观评论促进舆情传播，未评论的转发容易成为转发终点；明星效应扩展了舆情传播的广度，但并不能加深舆情传播的深度。与转发节点的属性相比，转发文本中体现的观点及情感倾向，可以加深舆情传播的深度，从而成为舆情传播级联不断递增的重要驱动力。可见，用户的舆情传播行为主要受到舆情内容本身的影响，其传播行为更趋理性。

基于以上分析，本文以微博 1 为例，观察微博 2（少数意见）发布后，微博 1 转发网络中的参与者情绪演化情况。首先，从获取的微博 1 转发数据集中，去掉未评论的转发节点及辱骂性言论，筛选出 1435 条具有研究价值的转发评论；其次，结合上下文语境、实际生活中语言的引申义及网民的语言表达习惯等，对上述 1435 条微博数据进行人工分类，并最终划分出五类情绪，如表 10 所示。

表 10　微博 1 的情绪分类标准

情绪分类	情绪分类标准	发表比例
S_1	支持——赞赏名人行为或其个人魅力	12.52%
S_2	恐慌——为个人及家人健康担忧	18.23%
S_3	反驳——对不实信息进行科普、辟谣	4.94%
S_4	正义——希望国家有关部门加强重视	10.78%
S_5	愤怒——表现出失望、愤恨的反感情绪	53.53%

　　根据表 10 给出的情绪分类标准和分类结果，本文发现："@辟谣与真相"通过发布具有反驳观点的微博 2，以对微博 1 进行辟谣后，网络中出现了对于微博 2 的连续转发行为，并使得网络中辟谣微博发表比例，由原来的 2% 增加到 4.94%。为进一步探究少数意见对舆情参与者情绪演化的作用，本文定义 t 时刻支持、恐慌、反驳、正义及愤怒等五类情绪的发表比例分别为 S_{1t}、S_{2t}、S_{3t}、S_{4t}、S_{5t}，其随时间变化情况如图 3 所示。

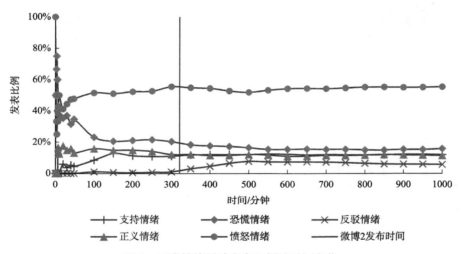

图 3　五类情绪累计发布比例随时间变化

　　由图 3 可知，舆情网络中的网民情绪在 t=500 分钟后逐渐趋于稳定，其中愤怒情绪在整个演化过程中一直占据主导地位，可见对于此类威胁人体健康和生命安全的突发公共卫生事件，公众往往会采取零容忍的态度。图中竖线表示在 t=321 分钟，"@辟谣与真相"发布微博 2 以对微博 1 进行辟谣。在此之后，辟谣微博发表比例急剧上升，网民对原微博中有关"疫苗遇热变质为毒"的言论产生了怀疑，微博 2 中引证世界卫生组织的科普知识，大大缓解了网民针对失活疫苗会对生命健康产生不良影响的焦虑，网络中恐慌情绪也在一定程度上有所减小，逐步向反驳和正义两种情绪进行演化。由此可知，微博 2 的发布，对避免网民陷入群体性的恐慌，维持正常的网络秩序起到了十分积极的作用。另外，在 t=80 分钟之前，网络中的各类情绪波动较大，且一直在恐慌与愤怒间徘徊，传播网络中虽然存在少数辟谣微博，但往往由于发布者自身影响力不强、辟谣言论证据不足等原因而被网民忽略。可见，在网民情绪波动较大，传播网络中多种情绪并存时，需要具有较大影响力的用户或权威部门发出声明，通过传播科学知识及极具说服力的证据，积极疏导网民情绪，使得社会化媒体中的舆情传播行为更加理性。

　　为了进一步分析舆情参与者的情绪变化，本文将具有情绪倾向的 1435 条转发微博进行了分词处理，并根据分词后的词频，各取高频词绘制了条形图。本文以微博 2 的发布作为时间分界点，得到微博 2

发布前，微博 1 关键词分布情况，如图 4（a）所示；从微博 2 发布到抓取时间为止，关键词分布情况如图 4（b）所示。

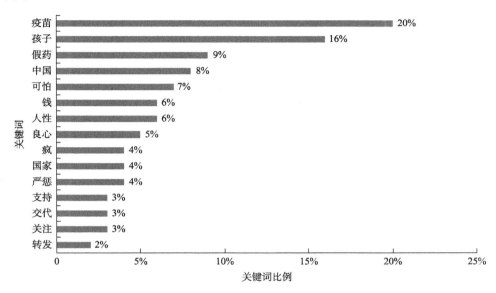

（a）微博 2 发布前，微博 1 关键词分布情况

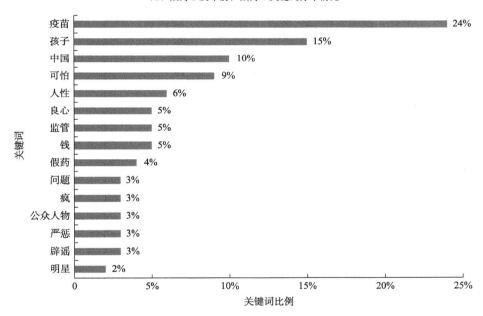

（b）微博 2 发布后，微博 1 关键词分布情况

图 4　关键词分布情况分析

由图 4 可知，微博 2 发出后，讨论热度逐渐升温，仍然集中在疫苗与儿童健康问题上，并且生成了辟谣的子类，即出现图 4（b）中"辟谣"等关键词，且比重较高；网民对疫苗失活事件态度更加理性，图 4（b）中"假药""疯"等关键词的比重明显下降，且对政府加大监管力度的要求更加突出；另外，图 4（b）中针对微博 1 博主的讨论也有所增加，如"明星""公众人物"等关键词更加明显，其核心目的都是呼吁公众人物注意自身言辞，为公众行为起到正面的示范和引导作用。

5　结论与建议

本文以新浪微博为例，分别以粉丝驱动型、权威驱动型及内容驱动型等三类不同传播主体为中心的舆情传播网络为研究对象，基于信息空间模型，将节点属性与网络整体特征相结合，并利用社会网络分析方法对社会化媒体中突发公共卫生事件网络舆情的传播规律进行研究。此外，本文以"新浪微博山东非法疫苗舆情"为例，探究在"反沉默螺旋"效应下，舆情传播网络中参与者情绪随时间的变化情况，从而从转发关系和内容特征两方面，对社会化媒体中突发公共卫生事件舆情传播规律进行了深入分析，得出以下结论。

根据 4.2.1 小节的分析结果，得到社会化媒体中突发公共卫生事件舆情转发关系网络中的节点行为特征如下：①相较中心节点，网络中其他行动者对舆情传播的贡献小得多；②中心节点产生次节点的能力排序为粉丝驱动型节点>内容驱动型节点>权威驱动型节点；③社会化媒体中，用户对舆情加工较少，转发终点基本能掌握信源的所有信息。

根据 4.2.2 小节的分析结果，得到社会化媒体中突发公共卫生事件舆情传播网络整体结构特征如下：①新浪微博舆情传播网络中，聚类系数较大，特征途径长度较小，说明网络中信息传播较快，符合小世界特征；②转发网络是由中心节点出发，经过节点间的不断转发而形成的，节点间平均距离为 2~3，说明网络中任意两个节点的沟通只需要经过 1~2 个中间人；③转发网络不具有 k-核特征，说明舆情转发网络并不存在"社区性"，即转发网络可能包含的节点是随机的。由此可知，根据各节点的"转发习性"只能识别其话题偏好，却无法预测由此产生的舆情转发级联。

根据 4.3 节的分析结果，得到社会化媒体中突发公共卫生事件舆情传播网络参与者情绪演化的研究结论如下：①辟谣言论的发布不仅能使更多人对不实言论产生怀疑，还有助于降低偏激言论的产生，如埋怨政府不作为、恶意诋毁现有卫生部门等，这有助于安抚民众的恐慌情绪，如担心突发公共卫生事件对健康产生伤害；②当少数意见被广泛接受时，其产生的影响力更大。

基于以上研究结论，本文认为在突发公共卫生事件舆情治理过程中，有关部门应该采用与社会化媒体适配性较强的手段尽早干预，第一时间发布事件的最新进展，尤其在网络中网民的情绪波动较大时，应鼓励粉丝驱动型明星用户转发权威信息，以保证加工较少的信息尽快被更多用户知晓。事件发生之后，网络中负面情绪比重会迅速上升，加之突发公共卫生事件本身的特殊性，极易使民众产生群体性的恐慌，从而影响社会稳定。为了避免上述情况的发生，有关部门应该积极参与网民讨论，及时满足网民的求知需求，有效回应民众的心理诉求，从而主动引导舆情向积极的方向发展。意见领袖往往具有粉丝数量较大、历史转发量较高等特点，网络平台应该对这些用户加强监管，不仅要杜绝其发布不实信息，还要培养他们的舆论引导意识，共同维护网络秩序，确保网络的健康发展。

参 考 文 献

[1] 胡海波, 王科, 徐玲, 等. 基于复杂网络理论的在线社会网络分析[J]. 复杂系统与复杂性科学, 2008, 5（2）: 1-14.

[2] 滕文杰. 突发公共卫生事件网络舆情网民关注度区域分布研究[J]. 中国卫生事业管理, 2015, 32（5）: 393-396.

[3] 刘鹏程, 孙梅, 李程跃, 等. H7N9 事件网络舆情分析及其对突发公共卫生事件应对的启示[J]. 中国卫生事业管理, 2014, 31（10）: 784-786.

[4] Dugas A S F, Hsieh Y, Levin S, et al. Google flu trends: correlation with emergency department influenza rates and crowding metrics[J]. Clinical Infectious Diseases, 2012, 54（4）: 463-469.

[5] 贾红雨, 赵雪燕, 邱晨子. 基于复杂网络的微博网络舆情图谱分析方法研究[J]. 现代情报, 2015, 35（3）: 64-67.

[6] Broniatowski D A, Paul M J, Dredze M. National and local influenza surveillance through Twitter: an analysis of the 2012-2013 influenza epidemic[J]. PLOS ONE, 2013, 8（12）: e83672.

[7] 王晰巍，邢云菲，赵丹，等. 移动环境下网络舆情信息传播路径及传播规律研究[J]. 情报理论与实践，2016，39（9）：107-113.

[8] 任立肖，张亮，杜子平，等. 复杂网络上的网络舆情演化模型研究述评[J]. 情报科学，2014，（8）：148-156.

[9] Cowling B J，Ng D M W，Ip D K M，et al. Community psychological and behavioral responses through the first wave of the 2009 influenza A（H1N1）pandemic in Hong Kong[J]. Journal of Infectious Diseases，2010，202（6）：867-876.

[10] 洪巍，吴林海，吴祐昕. 食品安全网络舆情中的网络意见领袖[J]. 华南农业大学学报（社会科学版），2014，（4）：101-110.

[11] 黄成，余天星，赵文龙，等. 社会网络环境下健康舆情关键词幂律特性及信息服务干预研究[J]. 情报杂志，2015，（6）：140-143.

[12] 张静. 突发公共卫生事件爆发初期的媒体应对——以《新京报》对H7N9禽流感报道为例[J]. 新闻世界，2015，（12）：20-22.

[13] 吴诗贤，张必兰. 基于观点势场的舆情极化预测模型[J]. 图书情报工作，2015，（19）：108-112.

[14] 赵卫东，赵旭东，戴伟辉，等. 突发事件的网络情绪传播机制及仿真研究[J]. 系统工程理论与实践，2015，35（10）：2573-2581.

[15] 刘知远，张乐，涂存超，等. 中文社交媒体谣言统计语义分析[J]. 中国科学：信息科学，2015，45（12）：1536-1546.

[16] Kwak H，Lee C，Park H，et al. What is Twitter, a social network or a news media？[R]. Proceeding of the 19th International Conference on World Wide Web，2010.

[17] 朱志国，张翠，丁学君，等. 基于熵权灰色关联模型的重大突发舆情意见领袖识别研究[J]. 情报学报，2017，36（7）：706-714.

[18] Vosoughi S，Roy D，Aral S. The spread of true and false news online[J]. Science，2018，359（6380）：1146-1151.

[19] 王晰巍，邢云菲，赵丹，等. 基于社会网络分析的移动环境下网络舆情信息传播研究——以新浪微博"雾霾"话题为例[J]. 图书情报工作，2015，59（7）：14-22.

[20] 袁园，孙霄凌，朱庆华. 微博用户关注兴趣的社会网络分析[J]. 现代图书情报技术，2012，（2）：68-75.

[21] 博伊索特 M H. 知识资产：在信息经济中赢得竞争优势[M]. 张群群，陈兆译. 上海：上海人民出版社，2005.

[22] 赵健宇，袭希，苏屹. 知识流动网络演化中小世界效应的仿真研究[J]. 管理评论，2015，27（5）：70-81.

[23] 刘军. 社会网络分析导论[M]. 北京：社会科学文献出版社，2004.

[24] Tian R Y，Zhang X F，Liu Y J. SSIC model：a multi-layer model for intervention of online rumors spreading[J]. Physica A：Statistical Mechanics and Its Applications，2015，427：181-191.

[25] 陈强，曾润喜，徐晓林. 网络舆情反沉默螺旋研究——以"中华女事件"为例[J]. 情报杂志，2010，29（8）：5-8.

Research on Public Opinion Propagation of Public Health Emergencies in Social Media

DING Xuejun，FAN Rong，MIAO Rui，WANG Ying

（School of Management Science and Engineering，Dongbei University of Finance and Economics，Dalian 116025，China）

Abstract Social media has become an important channel for public opinion propagation of public health emergencies. Therefore，it is of great significance for relevant departments to formulate effective public opinion governance strategies by analyzing the law of public opinion propagation of public health emergencies in social media. Taking Sina weibo as an example，and the public opinion diffusion networks composed of different kernel nodes as the research object，this paper analyzes the propagation law of public opinion of public health emergencies in social media based on the information space model and social network analysis. Then，the sentiments evolution process is also studied based on the "Anti Spiral of Silence Theory". Finally，the recommendations to govern the public opinion of public health emergencies are proposed.

Key words Social media，Public health emergencies，Network public opinion，Social network analysis，Information space model

作者简介

丁学君（1978—），女，东北财经大学管理科学与工程学院副教授，研究方向：网络舆情、社会计算、物联网等。E-mail：dingxj812@163.com。

樊荣（1994—），女，东北财经大学管理科学与工程学院硕士研究生，研究方向：网络舆情。E-mail：

fr1115@126.com。

苗蕊（1982— ），女，东北财经大学管理科学与工程学院讲师，研究方向：电子商务和信息管理。E-mail：ruimiaodufe@163.com。

王莹（1981— ），女，东北财经大学工商管理硕士，东北财经大学管理科学与工程学院分团委书记、辅导员，研究方向：学生管理、网络舆情、学生心理等。E-mail：wangying@dufe.edu.cn。

基于心理防御视角的个体网络知识分享研究[*]

李玉豪¹，王刊良²

（1.上海外国语大学 博士后流动站，国际工商管理学院，上海 200083）

（2.中国人民大学 人大商学院，北京 100872）

摘　要　企业内多团队背景下，员工基于个体社交工具的知识分享行为，对企业的创新和知识管理工作有着重要影响。基于心理防御视角，本文建立模型和提出相关假设，分析影响知识员工采用个体社交工具分享知识的因素。一项基于 13 个企业的 455 份问卷实证分析结果表明，知识员工个体的心理安全、归属感、自我完善、控制感、工作超负荷及角色冲突会显著影响知识员工运用个体社交工具进行的知识分享行为。本文探讨了结果的理论和实践意义。

关键词　知识分享，知识管理，个体社交工具，心理防御

中图分类号　C931.6

1　引言

　　组织工作环境下，特别是组织内跨团队背景下，社交媒体的广泛使用促进了知识分享行为的发生。例如，先前研究表明，社交媒体技术使得组织内部的知识分享行为从传统的中心化知识交流转变为可视的、持续的、集体的知识对话[1-3]。在企业实践中，团队成员一般使用由组织操控和管理的知识分享工具。虽然新兴的网络技术为组织提供了具有独特功能的知识分享平台，如知识分享条目可以更容易地被创造、培育、改进及传播，但是知识工作者个体的动机因素在个体网络平台（如企业范围内员工基于兴趣和情感建立的线上讨论和资料分享群组）和职业功能平台（如企业建立的知识分享平台和工作支持群组）两种背景下仍然存在着显著区别。具体来讲，个体网络平台上的知识分享行为显示了一种有关个体生活、友谊及精神支持的环境基础。与此对比，职业功能平台的知识分享行为则表明了一种与任务执行、工作事务及工作业绩相关的背景[4]。因此，知识员工并非仅基于自身的情感、态度来选择这些工具平台，他们会对自己在这些平台工具上发展和维系的关系进行性质与属性的评判，这些评判会显著影响他们在具体知识分享行为中对这些平台的选择。

　　在跨项目团队背景下，个体社交工具中的知识分享行为，一方面，有利于提高组织内部的知识传播速度，如 Majchrzak 和 Malhotra[3]在 2016 年的研究中指出：个体自主建立的社交群组会促进知识的分享，从而推动创新行为。另一方面，这些行为也会削弱企业对知识和信息扩散的控制，并产生信息泄露等方面的风险。如果企业中与核心业务相关的图纸、代码或技术泄露，对于企业而言将产生无法估量的损失。对这一现状的合理管控有助于企业提升自身的经营水平，降低知识管理工作中面临的风险。然而，个体网络平台和职业功能平台中的关系属性究竟如何影响一个组织内甚至组织生态圈内的知识分享行为？对于这个问题，我们所知相当有限。在单个组织内多团队背景下，基于个体社交媒体工具的知识分

---

　　* 基金项目：国家自然科学基金项目（71331007，71802135，70971107）。

　　通信作者：王刊良，中国人民大学人大商学院，教授，E-mail：klwang@ruc.edu.cn。

享传播，有利于推动个体自发的沟通和协同行为发生，这些沟通和协同行为可以在没有正式管理者的情况下高效地发生。在个体化、隐私性的网络空间中，知识员工的分享行为会更加自发和主动。这是因为组织提供的职业化工具隐含了一系列的潜在风险，如来源不完备、负面记录及直接利益损失[5, 6]。基于此，即使工作目标共存于相同的社会关系中，不同工具上的关系属性背景也会显著影响个体的防御策略选择[4]。

为了进一步分析职业背景如何影响个体在社交平台上的知识分享行为，本文在关系属性前摄性地塑造和影响个体线上行为的背景下，论证了心理防御的作用。本文基于综合化的心理防御理论视角，分析了企业知识员工的防御机制对他们在个体网络平台中的知识分享行为的影响。具体来讲，个体网络平台为知识员工提供了一个面对阻碍和心理威胁时的慰藉平台，因为对于知识员工而言，以用户自身为中心的私密化、个性化空间具有更好的稳定性、预测性和亲密性[7, 8]。从已有的文献结论来看，在个体网络平台背景下，感知威胁和不确定、归属感、自我完善、控制感、工作超负荷、角色冲突等因素，与心理威胁和阻碍感知有着明显关联，可能是影响个体在此类平台上进行知识分享行为的重要因素。所以，本文假设知识员工为了确认自身处于"良好"和"有效"的状态，感知威胁和不确定、归属感、自我完善、控制感、工作超负荷及角色冲突会显著影响其运用个体社交工具进行知识分享行为。通过来自 13 个有关企业的 455 份问卷调查，本文模型的有效性得到了检验。总体上讲，本文拟通过建立解释知识员工在个体社交平台上的知识分享行为的模型，从而为社交网络和知识分享文献提供新的理解。

2　相关文献

2.1　心理防御

心理防御（psychological defense）这一概念描述了个体倾向于通过维持心理资源（如亲密关系、解释、意义）来中和焦虑情绪、获取心理平衡及抗衡心理失序[9]。心理防御假设个体具有采取防御行为保持自我稳定、有序与和谐状态的动机，从而摒除潜在的忧虑意识。心理防御最重要的概念来源是恐惧管理理论（terror management theory），这一理论描述了个体通过对自身有意义的方式来规避对不可避免风险的恐惧。先前的研究表明，防御对于理解用户面对压力状态下的应激反应具有非常重要的作用[10]。例如，人们不仅可以通过企业提供的线上工具分享知识、贡献特定内容，而且可以通过自己的个体网络平台与同侪们分享知识。在企业提供线上工具的背景下，他们的分享行为基于一种功能性和职业性的方式，并且对应着潜在的负面后果。因此，团队成员会对在哪一种环境下进行自身的分享行为做出综合性的评判，这些评判可能表现了心理防御的角色作用。

不同领域，如心理学、组织学及生物学等领域的研究者们对个体在忧虑和不适状态下的防御性调节这一问题，展开了一系列的探讨。防御理论综合各个领域的视角，如信息获取、组织内关系等主题，来确定导致人们不同思考、感受及行为的潜在原因。第一个研究方向关注来源于恐惧管理的相关因素，并以此来解释用户面对威胁、忧虑和焦虑唤起的防御行为的起源。例如，个体潜意识地通过提高自身对社交环境中文化价值的依存性来警戒性地提高社会支持感和降低焦虑感[11]。第二个研究方向基于如下原则：人际交往需要对于个体防御是非常重要和相关的。研究表明，个体对于归属某一特定团体和社区身份的确认，有助于推动他们自身的知识分享行为[5]。另外，依附和归属感的缺失会损害相关个体的健康，并降低心态调整能力和幸福感[12]。第三个研究方向关注自我确认和控制，并检查个体是如何通过控制价值和意义的感知来降低自身的心理防御倾向。例如，有学者认为自我完善（self-integrity）是个体基于防御心理对环境和自身的一种评估，从而确定自身是否在工作环境下采用负向行为来调节焦虑和其他心理不适[13]。第四个研究方向关注于非一致性（inconsistency），即个体在面对现实状况与自身正确性预期产生偏差时，试图获取一种具有正确感的防御行为。例如，先前的研究表明认知一致性是类似于饥饿和干渴的基础性心理需求[14]。

2.2 个体社交背景下的知识分享

在组织背景下，个体与同侪分享自身知识的行为对组织而言是非常重要的。已有的文献广泛梳理了影响个体知识分享的动机因素，如知识性质、内在和外在动机、线上关系及组织文化。具体来讲，Zhang和Kizilcec[15]在2014年的研究表明，在社交媒体环境下，个体更倾向于将争议性内容在匿名条件下而非公开条件下传播。通过强调社交媒体环境中沟通的可视性（visibility），Leonardi[1]在2014年的研究表明，沟通的透明性强化了知识员工的分享意识，推动了观察方扩充共有知识，从而实现了更多的创新。此外，先前的研究在比较传统知识分享平台与社交媒体形成的开放和低成本平台的基础上，提出了诸如知识保护、企业边界及竞争性优势等研究议题[16]。

虽然企业和学术界关注社交媒体工具在知识和信息分享中的使用问题，但是相当有限的研究会关注到这样的问题：社交关系的属性是如何在不同的平台上形成的，以及心理防御是如何在个体化社交工具中影响知识分享行为的？首先，工作场所的政策会显著地影响个体在职业化社交工具中的相关行为，然而个体网络的友谊属性使得一些个体在求助知识的时候心理上更为舒适[5, 8]；其次，已有文献仅指出信息和沟通技术在职业环境下会使个体产生压力[17, 18]，却忽视了压力和防御机制可以帮助个体来应对威胁、适应现实，并且会提高个体的参与性；最后，组织范围内的知识分享一般由次级团队以中心化的方式和过程掌控，这一过程受到经理及其他企业人员的管控和引导，因此影响了知识流通的效率和范围。与此对比，在个体社交网络的背景下，知识贡献行为会更为持续和分散，并且会在社交网络人际中形成更为开放和持续的知识分享轨迹，从而可推动企业员工的创新行为[3]。

3 研究模型及假设

在已有文献的基础上，通过心理防御的几个主要研究视角，本节在已有相关文献的基础上，对影响知识员工采用个体社交工具分享自身知识和经验的主要因素展开论述，并建立研究模型框架和提出相关假设。

3.1 不确定性与威胁

虽然跨部门的知识分享行为对于员工个体和企业都是有益的，但是独有的知识却是个体或者其相关部门获取较高回报的基础性资源[19]。在这种情境下，知识员工的协作努力可能将不再被视为正向的工作行为[6]。进一步来讲，职业化平台中的知识分享行为对于分享者而言会涉及一些风险，诸如不完备来源、负向记录。因此，职业化平台中知识分享面临的威胁和不确定程度在个体社交环境与可信赖关系中将得到缓解[20]。潜在的威胁，诸如替代风险、声誉损失会给个体在组织提供的职业化平台中的知识分享行为产生压力。这意味着以个体自身为中心的网络工具为将这些现实威胁转化为友谊和情感支持提供了手段。基于Abrams等[21]在2003年的研究，企业管理者难以影响企业员工自身的人际网络关系，这些网络关系的互助性和所能发挥的潜力可以帮助企业员工寻找合适的信息，从而更好地改进和协调自身的工作。

先前的研究中，心理安全（psychological safety）感被认为是成员在一个职业化团队中共享的关于人际风险的信念[22]。组织成员对于心理安全的感知代表了对工作环境的一种认知性评估，描述了一种由人际信任中和潜在威胁的氛围[23]。在本文设定的背景下，可以推断，知识员工在低心理安全感的情况下，可能倾向于使用他们的个体社交工具而不是职业化平台来寻找帮助、贡献知识及共享创造性想法。因此，我们提出 H1。

H1：工作环境中的安全感负向影响知识员工运用个体社交工具进行的知识分享行为。

3.2　归属感

知识员工在个体社交工具中进行知识分享的另一个好处是获得归属感。以往的研究表明，人际需求是个体获得正向自我印象和保证心理健康的基础，因此与个体的心理防御高度相关。归属感是指个体对于构建和维系一系列人际关系的需要，因此对于个体而言，仅与陌生人或者不喜欢的人进行社交接触，无法满足他们的归属感需求。具体来讲，个体需要感受到他们的个体接触和互动对象是稳定的与受情感驱动的，并且在可预见的未来是持续性的[12]。

职业化的分享平台为个体提供了一个以组织边界为基础的社交关联背景来创造职业化、具有功能性质的社交关联，并以此获取工作相关收益、交换职业资源[4]。因此，企业提供的职业化平台主要涉及工作相关目标，并且有两方面的理由促使个体改变他们的知识分享行为。第一，由于互惠规范在两种平台中的不同，个体在企业的职业化平台上寻求帮助时可能会感到不适。第二，个体在职业背景下所获取的权力程度会影响他们的感知和参与可能性，从而鼓励其更功利化地评估自身和与其他个体的线上互动行为[24]。与之相比，知识员工个体在社交工具中的互动行为则更具回报性，因为在这一环境下的知识贡献行为有助于个体建立稳定和具有情感的人际关系，有利于个体获取友谊和情感支持。综上所述，我们提出 H2。

H2：归属感正向影响知识员工运用个体社交工具进行的知识分享行为。

3.3　保护性采纳：自我完善与感知控制

在已有文献中，保护性采纳被界定为个体为了应对威胁而采取的保护自身价值和心理健康的认知策略[25]。这些防御策略避免了个体将自身行为归结为失当和谬误[9]。相当多的文献指出，个体倾向于对自身的知识和能力过于乐观[26]，个体社交工具无疑为个体成员提供了一个更具掌控力的环境，使得他们心态更为放松和开放[27]。因此，认知性策略诸如正直和感知控制，会影响用户采用个体社交工具分享知识的行为。

正直（integrity）这一概念旨在预测和描述员工个体在职业环境中的南辕北辙式行为[28]。学者们开发了大量的量表，通过强调"社会规范中的有价值成员"来描述防御系统中的个体及环境变量如何在组织背景中引起南辕北辙式的行为[29, 30]。虽然个别研究认为正直涉及个体人格的复合性特质，但是人格特质并不能完全解释该构念的影响，因为正直在本质上具有多层级性[31]。基于人们需要将自身置于防御中心的需求，自我完善（self-integrity）暗示了知识员工通过改变知识分享环境来防止异常状况出现的必要性[9]。因此，本文提出 H3。

H3：自我完善与知识员工运用个体社交工具进行的知识分享行为呈负相关。

与正直相比，实证结果表明，个体在受到威胁的时候，会寻求控制，因为个体的控制感对于自身重新获取对现实的掌控至为重要[13]。控制感（sense of control）表达了一种个体有能力掌控和塑造他们生活状态的信念[32]。人们通过评估自己对威胁的控制程度来面对环境中的不确定性，控制感是驱使个体采纳某种行为策略的重要心理驱动因素[33]。例如，在职业环境中，个体社交工具为低控制感个体提供了一个有效面对压力源的环境[34]。综上，本文提出 H4。

H4：控制感与知识员工运用个体社交工具进行的知识分享行为呈负相关。

3.4 不一致和失调

在某种程度上，人们倾向于调和自身预期和现实的不一致性，从而使得自己的防御努力可以被合理化地解释[14]。Proulx 等[35]的研究表明，防御是一种对于厌恶唤醒（aversive arousal）的缓和性反应，用来调和现实和人们期望的"正确"之间的偏离。认知性失调将认知一致性描述为人们的基本需求。通过一致性，失调带来的威胁可以通过多种方式被补偿。不一致性被定义为"信念或者知识"与"环境或者行为"两者之间相反的关系[36]。认知不一致性在个体感受到自身信念或者状况上的潜在错误的时候，会成为一个重要的行为动机。例如，个体态度与反态度行为之间的不一致性会引起失调感知，从而促使个体调整自己的策略来减少这种失调。在本文的研究背景中，信息技术的进步使得知识员工工作的时间更长，职业角色不断扩展，所处的工作环境更加复杂[37]。因此，对于知识分享的职业化平台，个体期望和实际使用经验的不一致，会负向影响个体对这些工具的使用[38]。同时，个体社交工具提供了一种渠道来合理化知识员工的超负荷工作，并有利于降低角色冲突感知，因为个体社交工具中的社交关系暗示了一种不同于职业关系的情境，如知识分享基于友谊和情感的支持，从而调节了个体的工作超负荷和角色冲突的感知。因此，本文提出 H5 和 H6。

H5：工作超负荷与知识员工运用个体社交工具进行的知识分享行为呈正相关。

H6：角色冲突与知识员工运用个体社交工具进行的知识分享行为呈正相关。

图 1 展示了本文的研究模型及各个假设。

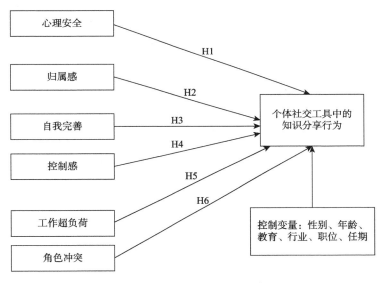

图 1　本文的研究模型及各个假设

4　研究方法

4.1　量表设计

本文的构念包括心理安全、归属感、自我完善、控制感、工作超负荷、角色冲突，以及个体社交工具中的知识分享行为。基于文献，本文采用了以往研究中经检验的成熟量表，其中自我完善为二阶构念，包含反社会行为、社会化、积极展望和秩序性等四个维度（表 1）。

表 1　量表测量题项与来源

构念	题项	题项载荷	平均提取方差	题项来源
心理安全	当在团队中犯错的时候，我一般会受到团队的反对	0.85	0.74	Kessel 等[22] Edmondson[39]
	在团队中，我冒风险的决策是不安全的	0.85		
	团队成员会故意低估我的努力	0.88		
归属感	当我需要帮助的时候，我希望有人可以帮我	0.80	0.66	Leary 等[40]
	我想要别人接受我	0.78		
	当别人的计划没有包括我时，我会很苦恼	0.81		
	当别人不接受我的时候，我会很受伤	0.85		
反社会行为	我身边没有不诚实的朋友	0.88	0.65	Wanek 等[41]
	我从未在单位私自借用东西而不告诉别人	0.87		
	我一般不会对他人做蠢事或者发起危险的挑战	0.83		
	钻法律漏洞的行为是错误的	0.85		
社会化	在项目中，我通常比需要的更加努力	0.91	0.58	Wanek 等[41]
	总体来看，生活对我还是公平的	0.76		
	我从未想过了结自己的生命	0.66		
积极展望	我很幸运能避免职业中的事故	0.74	0.60	Wanek 等[41]
	我的领导对雇员是公平的	0.81		
	雇员们与领导相处得不错	0.77		
秩序性	在自己的工作项目上，我能做到善始善终	0.69	0.62	Wanek 等[41]
	别人觉得我是一个工作狂	0.81		
	我喜欢提前计划好事情	0.88		
	在回家之前，我会确保所有东西都在该在的位置	0.85		
控制感	我特别希望做的事情总是没办法做	0.85	0.71	Mittal 和 Griskevicius[33]
	未来发生的事情在很大程度上并不取决于我	0.87		
	当我特别想做一件事情的时候，我一般没有渠道将它完成	0.82		
	我能否获取自己想得到的结果并不取决于我	0.82		
工作超负荷	我觉得我要处理的请求、问题或者埋怨已经多出了我的预期	0.78	0.74	Rutner 等[37]
	我觉得我的工作数量已经影响了我的工作质量	0.91		
	我觉得很忙、很仓促	0.85		
	我感觉工作很有压力	0.87		
角色冲突	我做的工作容易被一些人接受，而不被另一些人接受	0.89	0.66	Rutner 等[37]
	有的时候，我需要违背制度和政策来完成任务	0.87		
	我经常从两个或者更多的工作方接收到不能协调的请求	0.87		
	我经常为两个以上截然不同的工作方工作	0.83		
	在工作中，我需要去平衡两个以上相互冲突的需求	0.67		

续表

构念	题项	题项载荷	平均提取方差	题项来源
个体社交工具中的知识分享行为	我使用自己的社交工具（如 QQ、微信、知乎、豆瓣、云盘等非企业平台）来为同事们提供我的工作报告或者办公文件	0.93	0.86	Choi 等[42]
	我使用自己的社交工具（如 QQ、微信、知乎、豆瓣、云盘等非企业平台）来为同事们分享工作要点和方法	0.94		
	在组织内，我通过自己的社交工具（如 QQ、微信、知乎、豆瓣、云盘等非企业平台）来和同事们分享我的经验和诀窍	0.89		

4.2 预实验

经过 5 个领域内专家的检视后，本文展开了一项针对量表效度检测的预调研，共计 30 个研究生参与了面对面的问卷调查，同时改进了题项阅读的清晰性和明确性。经过预调研，剔除了自我完善四个自维度中一些载荷较低的题项，研究量表的效度通过因子权重、载荷及构念相关度得到了确认。

4.3 研究样本和数据获取

为了检测研究模型，本问卷调查在中国 13 个跨团队的企业中展开。为了提升问卷的有效度，调查团队为每个完成有效问卷结果的参与者提供了 60 元的回报。经核实，每个调查参与者均有超过 1 年的企业知识分享平台和个体社交工具的使用经验。研究中，调查参与者被告知所有数据均进行匿名处理，结果仅用于学术目的。共计 480 位参与者参与了本次问卷调查，最终获取 455 份有效调查数据（表 2）。

表 2 调查参与者统计信息

测量	题项	频数	比例
性别	男	305	67.03%
	女	150	32.97%
年龄/岁	≤24	43	9.45%
	25~34	262	57.58%
	35~44	88	19.34%
	45~54	47	10.33%
	≥55	15	3.30%
行业	机械/设备	48	10.55%
	金融/投资	15	3.30%
	软件/技术	106	23.30%
	石油/矿业	31	6.81%
	能源/电力	248	54.51%
	医药/健康	7	1.54%
教育	高中	22	4.84%
	大专	56	12.31%
	本科	304	66.81%
	硕士	72	15.82%
	博士	1	0.22%

续表

测量	题项	频数	比例
任期/年	≤2	174	38.24%
	3~5	185	40.66%
	6~8	53	11.65%
	≥9	43	9.45%
职位	职员	356	78.24%
	主管	77	16.92%
	部门经理	21	4.62%
	总经理	1	0.22%

5　数据分析及结果

本文采用 SPSS 19.0 对研究数据进行描述性分析，采用偏最小二乘法评估研究模型。本节进行了调查数据的信效度检验，并分析了假设检验结果。

5.1　测量效度

本文通过检测聚集效度和区分效度来评估测量模型。经过检验，组合信度均大于 0.7，平均提取方差大于 0.5，题项载荷大于 0.6。表 1 表明，测量模型的收敛效度通过检验。通过构念相关度检验，所有构念平均提取方差的平方根均大于该构念与其他构念的相关度（表 3）。此外，经检验，构念题项载荷均大于题项在其他构念上的载荷。因此，测量模型通过区分效度检测。

表3　构念属性及相关度

构念	Mean	SD	1	2	3	4	5	6	7	8	9	10
心理安全	5.14	1.31	0.86									
归属感	4.96	1.25	0.54	0.81								
反社会行为	4.11	1.58	0.45	0.26	0.81							
社会化	3.62	1.76	0.50	0.49	0.17	0.76						
积极展望	5.97	1.41	0.45	0.59	0.26	0.53	0.78					
秩序性	4.98	1.48	0.49	0.56	0.27	0.48	0.56	0.79				
控制感	4.59	1.25	0.49	0.43	0.56	0.49	0.57	0.52	0.84			
工作超负荷	3.83	1.57	0.33	0.33	0.47	0.29	0.28	0.20	0.33	0.86		
角色冲突	4.80	1.31	0.53	0.59	0.08	0.52	0.46	0.33	0.58	0.29	0.83	
个体社交工具中的知识分享行为	5.57	1.23	0.63	0.45	0.21	0.56	0.62	0.58	0.48	0.31	0.63	0.92

注：Mean=均值，SD=方差，1=心理安全，2=归属感，3=反社会行为，4=社会化，5=积极展望，6=秩序性，7=控制感，8=工作超负荷，9=角色冲突，10=个体社交工具中的知识分享行为

5.2 无应答偏差和共同方法偏差

本文使用时间序列外推测试检测了无应答偏差可能的影响，在提供问卷参与报酬的基础上，前 25% 和后 25% 所收集的数据之间经多变量分析，无显著差异。为了减少共同方法偏差的影响，本文采取了设置反向题项、改变题项次序等措施。同时为了进一步测定共同方法偏差的潜在影响，本文采用了 Harmon 单因素检测，结果表明单因子最高变异解释比例为 21.08%。这些检验结果表明，无应答偏差和共同方法偏差不会对本文的结果产生显著影响。

5.3 假设检验结果

图 2 展示了本文的假设检验结果。实证分析结果表明，绝大部分控制变量的影响均不显著。例如，性别（$\beta = 0.04$，$p > 0.05$）、年龄（$\beta = 0.07$，$p > 0.05$）、教育（$\beta = 0.04$，$p > 0.05$）、行业（$\beta = 0.07$，$p > 0.05$）、职位（$\beta = -0.03$，$p > 0.05$）。结果表明，任期对于知识员工在个体社交工具中的知识分享行为有负向影响（$\beta = -0.104$，$t = 3.95$，$p < 0.01$）。R^2 值表明，对知识员工在个体社交工具中的知识分享行为而言，本文的模型可以解释该变量 61% 的变异，对于该背景下的知识分享行为具有较好的解释力。对于模型内生变量具有显著性影响的前因变量有心理安全（负向测量）（$\beta = 0.25$，$t = 4.32$，$p < 0.01$）、归属感（$\beta = 0.15$，$t = 1.99$，$p < 0.05$）、自我完善（$\beta = -0.20$，$t = 3.38$，$p < 0.01$）、控制感（负向测量）（$\beta = 0.21$，$t = 2.87$，$p < 0.01$）、工作超负荷（$\beta = 0.21$，$t = 2.97$，$p < 0.01$）及角色冲突（$\beta = 0.27$，$t = 3.90$，$p < 0.01$）。此外，自我完善的四个维度反社会行为（$\beta = 0.37$，$t = 10.26$）、社会化（$\beta = 0.25$，$t = 22.28$）、积极展望（$\beta = 0.31$，$t = 21.82$）及秩序性（$\beta = 0.44$，$t = 22.64$），且均为二阶变量的显著指示维度。综上，本文的假设通过验证。

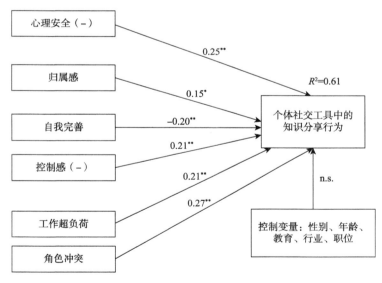

图 2 基于偏最小二乘法的模型分析结果

－表示构念题项为负向测量；n.s. 表示无显著差异；自我完善为二阶构念，由反社会行为、社会化、积极展望和秩序性四个维度测量

*表示 $p < 0.05$；**表示 $p < 0.01$

基于防御回应，本文的结果表明，知识员工基于中和威胁、弥补自我完善和控制、中和不一致及失调等动机，通过个体社交工具中的知识分享行为来应对阻碍、提升舒适感[9]。此外，如同以往文献所暗示的，人们通过在个体社交平台中的知识信息分享行为来建立和维系关系，从而实现友谊和情感支持等目标[43]。本文的研究结果同时表明，任期会负向地影响知识员工在个体社交平台上的知识分享行为。可

能的原因有以下两点：第一，相对而言，更长任期的知识工作所提升的经验有助于个体在职业化平台上吸收和获取知识[44]。第二，更长任期的知识员工比较少工作经验的个体在工作环境中拥有更多的个体和职业关系。

6　讨论与总结

6.1　结论

基于心理防御视角，本文探讨了影响知识员工在个体社交工具中知识分享行为的相关因素。结果表明，个体为了确认自身处于"良好"及"有效"状态，会选择通过个体社交工具来分享自身的知识和职业技能。通过实证结果，本文印证了安全顾虑对于知识工作者通过个体社交工具分享知识的正向影响。此外，在知识分享行为中，人际归属感也是重要动机。个体网络相对于职业平台，在关系的持续性、友谊性方面具有优势，因此个体会为提升归属感而选择在个体社交工具中分享知识。基于心理防御动机，个体的保护性采纳因素，如自我完善和控制感也会影响其在个体社交工具中的知识分享行为。作为预测工作表现的重要测量构念，自我完善同时也预示了知识工作者对分享平台类型的选择，因为个体社交工具更有利于产生"有价值成员"的感知，并帮助个体获取控制感。另外，控制感也是影响员工选择个体社交工具分享知识的重要因素。此外，工作超负荷和角色冲突会促进知识工作者在个体社交工具中的知识分享行为的产生，因为个体社交工具的友谊和情感属性有利于中和个体职业预期和工作现状之间的不一致感知。

6.2　理论意义

本文为知识管理和线上行为研究议题提供了以下一些思路。首先，本文关注个体在组织内使用个体社交工具进行知识分享这一现实，澄清了信息平台中社交关系属性对于个体行为的潜在影响；其次，本文基于心理防御视角，为已有的信息系统研究文献解释不同关系属性背景中的个体线上行为，提供了新的思路和理解；最后，本文通过明确威胁与不确定性、关系强化、保护性采纳及不一致性等因素，为组织内个体社交媒体中的知识分享行为提供了一个综合性的预测框架。

6.3　管理启示

本文同时为企业知识管理实践和应用提供了以下几点借鉴。首先，本文的研究结果表明，知识员工自行发起和协调的知识分享过程有助于缓解他们的感知威胁，提升控制感，从而提高员工使用企业提供平台的概率，增强企业对于知识共享过程的控制力；其次，知识分享平台上的个体关联，有助于提升情感支持和友谊，从而有利于个体使用该平台进行知识分享；最后，情感和友谊属性有利于中和并缓解知识员工的期望与工作实际的不一致和失调，如工作超负荷和角色冲突。

6.4　不足与展望

本文同时存在着一些不足可以在未来的研究中得以改进。首先，本文的结论基于调查数据。自报告量表不能够评估职业功能平台和个体社交平台上员工真实的线上行为区别，因此未来的研究可以采用基于实际知识分享数据的多层级分析方法。其次，本文的样本来源于单一地区，虽然有利于减少潜在因素的干扰，但是文化背景和地区差异会影响研究的结果，因此文化的影响可以被引入未来的研究中。最后，本文仅探讨了基于心理防御视角的一系列前因变量，未来的研究可以基于其他相关的理论和因素进一步探讨个体社交关联和职业功能关联两种背景下个体线上行为的差异。

参 考 文 献

[1] Leonardi P M. Social media, knowledge sharing, and innovation: toward a theory of communication visibility[J]. Information Systems Research, 2014, 25（4）: 796-816.

[2] Majchrzak A, Faraj S, Kane G C, et al. The contradictory influence of social media affordances on online communal knowledge sharing[J]. Journal of Computer-Mediated Communication, 2013, 19（1）: 38-55.

[3] Majchrzak A, Malhotra A. Effect of knowledge-sharing trajectories on innovative outcomes in temporary online crowds[J]. Information Systems Research, 2016, 27（4）: 685-703.

[4] Casciaro T, Gino F, Kouchaki M. The contaminating effects of building instrumental ties: how networking can make us feel dirty[J]. Administrative Science Quarterly, 2014, 59（4）: 705-735.

[5] Chang H H, Chuang S S. Social capital and individual motivations on knowledge sharing: participant involvement as a moderator[J]. Information & Management, 2011, 48（1）: 9-18.

[6] Willem A, Buelens M. Knowledge sharing in public sector organizations: the effect of organizational characteristics on interdepartmental knowledge sharing[J]. Journal of Public Administration Research and Theory, 2006, 17（4）: 581-606.

[7] Jarvenpaa S L, Majchrzak A. Research commentary-vigilant interaction in knowledge collaboration: challenges of online user participation under ambivalence[J]. Information Systems Research, 2010, 21（4）: 773-784.

[8] Ma W W K, Chan A. Knowledge sharing and social media: Altruism, perceived online attachment motivation, and perceived online attachment motivation and perceived online relationship commitment[J]. Computers in Human Behavior, 2014, 39（12）: 51-58.

[9] Hart J. Toward an integrative theory of psychological defense[J]. Perspectives on Psychological Science, 2014, 9（1）: 19-39.

[10] Vickers R R, Hervig L K. Comparison of three psychological defense mechanism questionnaires[J]. Journal of Personality Assessment, 1981, 45（6）: 630-638.

[11] Holbrook C, Sousa P, Hahn-Holbrook J. Unconscious vigilance: worldview defense without adaptations for terror, coalition, or uncertainty management[J]. Journal of Personality and Social Psychology, 2011, 101（3）: 451-466.

[12] Baumeister R F, Leary M R. The need to belong: desire for interpersonal attachments as a fundamental human motivation[J]. Psychological Bulletin, 1995, 117（3）: 497-529.

[13] Kay A C, Gaucher D, Napier J L, et al. God and the government: testing a compensatory control mechanism for the support of external systems[J]. Journal of Personality and Social Psychology, 2008, 95（1）: 18-35.

[14] Gawronski B. Back to the future of dissonance theory: cognitive consistency as a core motive[J]. Social Cognition, 2012, 30（6）: 652-668.

[15] Zhang K P, Kizilcec R F. Anonymity in social media: effects of content controversiality and social endorsement on sharing behavior[R]. Eighth International AAAI Conference on Weblogs and Social Media, 2014.

[16] von Krogh G. How does social software change knowledge management? Toward a strategic research agenda[J]. The Journal of Strategic Information Systems, 2012, 21（2）: 154-164.

[17] Brillhart P E. Technostress in the workplace: managing stress in the electronic workplace[J]. Journal of American Academy of Business, 2004, 5（1/2）: 302-307.

[18] Ayyagari R, Grover V, Purvis R. Technostress: technological antecedents and implications[J]. MIS Quarterly, 2011, 35（4）: 831-858.

[19] McEvily S K, Das S, McCabe K. Avoiding competence substitution through knowledge sharing[J]. Academy of Management Review, 2000, 25（2）: 294-311.

[20] Holste J S, Fields D. Trust and tacit knowledge sharing and use[J]. Journal of Knowledge Management, 2010, 14（1）: 128-140.

[21] Abrams L C, Cross R, Lesser E. Nurturing interpersonal trust in knowledge-sharing networks[J]. The Academy of Management Executive, 2003, 17（4）: 66-77.

[22] Kessel M, Kratzer J, Schultz C. Psychological safety, knowledge sharing, and creative performance in healthcare teams[J]. Creativity and Innovation Management, 2012, 21（2）: 147-157.

[23] James L R, Joyce W F, Slocum J W, et al. Comment: organizations do not cognize[J]. Academy of Management Review, 1988, 13（1）: 129-132.

[24] Keltner D, Gruenfeld D H, Anderson C. Power, approach, and inhibition[J]. Psychological Review, 2003, 110（2）:

265-284.

[25] Gilbert D T, Wilson T D. Prospection: experiencing the future[J]. Science, 2007, 317: 1351-1354.

[26] Pronin E. How we see ourselves and how we see others[J]. Science, 2008, 320（5880）: 1177-1180.

[27] Loiacono E T. Self-disclosure behavior on social networking web sites[J]. International Journal of Electronic Commerce, 2014, 19（2）: 66-94.

[28] Berry C M, Sackett P R, Wiemann S. A review of recent developments in integrity test research[J]. Personnel Psychology, 2007, 60（2）: 271-301.

[29] Ones D S, Viswesvaran C, Schmidt F L. Comprehensive meta-analysis of integrity test validities: findings and implications for personnel selection and theories of job performance[J]. Journal of Applied Psychology, 1993, 78（4）: 679-703.

[30] Steel C M. The psychology of self-affirmation: sustaining the integrity of the self[J]. Advances in Experimental Social Psychology, 1988, 21: 261-362.

[31] Mumford M D, Connelly M S, Helton W B, et al. On the construct validity of integrity tests: individual and situational factors as predictors of test performance[J]. International Journal of Selection and Assessment, 2001, 9（3）: 240-257.

[32] Wenke D, Fleming S M, Haggard P. Subliminal priming of actions influences sense of control over effects of action[J]. Cognition, 2010, 115（1）: 26-38.

[33] Mittal C, Griskevicius V. Sense of control under uncertainty depends on people's childhood environment: a life history theory approach[J]. Journal of Personality and Social Psychology, 2014, 107（4）: 621-637.

[34] Brooks S. Dose personal social media usage affect efficiency and well-being?[J]. Computers in Human Behavior, 2015, 46（5）: 26-37.

[35] Proulx T, Inzlicht M, Harmon-Jones E. Understanding all inconsistency compensation as a palliative response to violated expectations[J]. Trends in Cognitive Sciences, 2012, 16（5）: 285-291.

[36] Festinger L. A Theory of Cognitive Dissonance[M]. Stanford: Stanford University Press, 1962.

[37] Rutner P S, Hardgrave B C, McKnight D H. Emotional dissonance and the information technology professional[J]. MIS Quarterly, 2008, 32（3）: 635-652.

[38] Brown S A, Venkatesh V, Goyal S. Expectation confirmation in technology use[J]. Information Systems Research, 2012, 23（2）: 474-487.

[39] Edmondson A. Psychological safety and learning behavior in work teams[J]. Administrative Science Quarterly, 1999, 44（2）: 350-383.

[40] Leary M R, Kelly K M, Cottrell C A, et al. Construct validity of the need to belong scale: mapping the nomological network[J]. Journal of Personality Assessment, 2013, 95（6）: 610-624.

[41] Wanek J E, Sackett P R, Ones D S. Towards an understanding of integrity test similarities and differences: an item-level analysis of seven tests[J]. Personnel Psychology, 2003, 56（4）: 873-894.

[42] Choi S Y, Lee H, Yoo Y. The impact of information technology and transactive memory systems on knowledge sharing, application, and team performance: a field study[J]. MIS Quarterly, 2010, 34（4）: 855-870.

[43] Yan L, Tan Y. Feeling blue? Go online: an empirical study of social support among patient[J]. Information Systems Research, 2014, 25（4）: 690-709.

[44] Ko D-G, Dennis A R. Profiting from knowledge management: the impact of time and experience[J]. Information Systems Research, 2011, 22（1）: 134-152.

Knowledge Sharing in Personal Networking: A Perspective of Psychological Defense

LI Yuhao[1], WANG Kanliang[2]

（1. Postdoctoral Mobile Research Station, School of Business and Management, SISU, Shanghai 200083, China）

（2. School of Business, Renmin University of China, Beijing 100872, China）

Abstract　Within an organization across multiple teams, knowledge workers could share knowledge via personal networking tools broadly in work context, which has an important influence on the innovation and knowledge management of the organization. Based on a perspective of psychological defense, this study develops research model and related hypotheses to examine the antecedents that might facilitate intra-organizational knowledge sharing via personal ties on personal networking tools. Through a SEM analysis based on a survey of 455 knowledge workers from 13 firms，the results indicate that psychological safety，need to belong，self-integrity，sense of control，work overload，and role conflict would significantly influence knowledge sharing on personal networking tools. Implications for the theory and practice are also discussed.

Key words　Knowledge sharing，Knowledge management，Personal networking tool，Psychological defense

作者简介

李玉豪（1984—　），男，上海外国语大学博士后流动站研究人员，国际工商管理学院讲师，研究方向包括内容分享、知识管理、用户行为等。E-mail：yuhaoli0725@gmail.com。

王刊良（1966—　），男，中国人民大学人大商学院教授，研究方向：信息系统和行为决策、电子商务模式与战略等。E-mail：klwang@ruc.edu.cn。

项目描述的欺诈性与众筹投资意愿：
基于文本分析的方法*

沈　倪[1]，王洪伟[2]，王　伟[3]

（1.浙江大学 管理学院，浙江 杭州 310058）

（2.同济大学 经济与管理学院，上海 200092）

（3.华侨大学 工商管理学院，福建 泉州 362021）

摘　要　以众筹市场为研究对象，采用文本分析与计量模型相结合的方法，检验项目描述的欺诈性对投资意愿的影响。采纳了内敛性、虚构性、分离性等指标进行文本欺诈性线索度量。采用线性和逻辑回归对数据进行分析，并实施鲁棒性检验。实验结果表明，描述项目的欺诈性线索与用户的在线投资意愿呈负相关。为此，投资者在选择项目时应当考虑项目描述暗含的欺诈信息，避免资产受损，而发起者在描述项目时也应当注意规避欺诈性的描述，以免造成误解，同时众筹平台应加强管理。

关键词　众筹项目，欺诈性，文本分析，投资意愿

中图分类号　C931.6

1　引言

众筹市场迅猛发展，与此同时，恶意欺骗事件层出不穷。2012 年，游戏众筹项目"星际公民"陷入卷钱跑路的传言中。2014 年，"皇冠众筹"项目虚假宣传推广，吸引 40 余人投资，投资金额达 200 余万元。随后，该平台忽然关闭，发起人因涉嫌诈骗而被捕。2015 年，上海优索环保科技发展有限公司涉嫌以"原始股"非法集资，其法人代表被批捕，其炮制的假股票骗取了上千名群众的 2 亿多元资金。

投融双方的互信是确保众筹成功的重要因素，但是由于信息不对称等原因，项目评估主要是由投资者本人完成，其风险性高。实际上，筹资者为了尽快募集资金，有时会故意夸大事实，使文本描述不真实。另外，广义上说，资金滥用也是一种欺诈，因为筹资者没有严格按照事先承诺的方式使用资金。为此，识别项目描述中的欺诈性线索亟待解决。

研究表明，产品描述会显著影响消费者的购买意愿[1]。同样地，众筹项目的陈述方式也会影响融资成功率。因此，有学者建议筹资者应该提高项目文本的展示质量，如采用更为合理的文字描述[2]。在欺诈性属性方面，有研究采用自然语言处理方法，从内敛性、虚构性、分离性、词汇复杂性、词汇多样性等方面提出多种文本欺诈性线索的识别方法[3-5]。但是，对于不同类型的欺诈性线索能否改变投资人的风险感知，以及对众筹融资结果的影响程度，还缺少系统性的分析。文献[6]基于 Kickstarter 数据，从四个维度（认知负荷、臆想情节、分离性和负面情绪）验证欺诈性线索对融资成功与否的影响。但是，鉴

---

* 基金项目：国家自然科学基金项目（71771177，71601082，71601119）；福建省自然科学基金项目（2017J01132）；福建省社会科学规划项目（FJ2016B075）。

通信作者：王洪伟，同济大学经济与管理学院，教授、博士生导师，E-mail：hwwang@tongji.edu.cn。

于中英文在语法和语义层面上的差异，该结论是否适用于中文语境下的众筹项目，仍有待验证。此外，即使筹资者无意欺骗，如果缺少理论指导，其筹资行为也可能会被误认为是欺骗行为。另外，鉴于融资成功率普遍偏低，众筹平台也需要向筹资者提供项目描述方面的指导，同时增强其自身对项目管理甄别的能力，而这方面的理论研究仍然薄弱。

令人欣慰的是，自然语言处理技术能够依据文本语言特征来进行欺诈分析。另外，从心理语言学角度，编造的故事与真实的故事在语言使用上存在显著差异，这也为文本欺诈线索的检测提供了思路。这涉及以下问题：①如何度量文本描述中的欺诈性线索？②欺诈性线索如何影响用户的投资意愿？为此，以众筹项目的文本描述为研究对象，基于文本分析的方法，采用不同的欺诈性度量指标，并应用线性和逻辑回归模型，证实了欺诈性语言特征与参与者支持行为呈负相关。这说明人们对于欺诈这一维度存在刻板印象，验证了一定置信范围内理论指标的正确性。研究结果有助于众筹发起者合理地描述项目，也有助于参与者和众筹平台更好地甄别项目。

2 研究假设与模型设计

2.1 研究假设

为了筹集资金，发起者会有意偏离事实，对项目进行夸张性描述，旨在获取投资者的支持。另外，发起者会将有创意但不成熟的项目拿出来筹资，导致投资者蒙受损失。这将引发一个问题：项目描述中的虚假信息对融资效果起到积极的还是消极的影响？

计划行为理论认为，影响实际行为最直接的因素是行为意向，而行为意向会受主观规范、行为态度及感知行为控制的影响。行为态度又受到行为信念和结果评价的影响。当个人对特定行为持正面的态度，认为符合其主观行为规范，且感觉已掌握采取该行为的能力和资源时，个人将产生强烈的行为意向，进而产生实际行为。

自我决定理论则把心理需求动机分为内部动机和外部动机[7, 8]。外部动机是指由外界奖励而产生的动机行为，而并非由个体自发产生。内部动机则包括：①自主需求，是指个体对于行为的自我控制需求，是一种自主选择能力的需求；②能力需求，是指个体对于行为有体现个体能力的需求，能力需求也表现为一种竞争性；③归属需求，是指个体需要和他人保持关联，以满足个体自我归属的需求。

众筹是一种借助互联网公开募集资金的方式，通过捐赠、预购商品或者获得回报等方式，对具有特定目的的项目提供资金支持。调查显示，投资者参与众筹的目的有：①获得发起者承诺的回报；②通过帮助发起者以获得成就感；③为了加入与项目或发起者有关的社交圈[5, 9-11]。

根据自我决定理论，获得回报属于外部动机，获得成就感属于内部动机的能力需求，加入社交圈则属于内部动机的归属需求。如果众筹描述文本存在诈骗信息，参与者就会对项目预期结果没有把握，会感到无法获得发起者承诺的回报，降低对投资行为的控制能力，因而参与态度不那么积极。另外，如果项目存在欺诈性，投资风险就会大大增加，投资者觉得自己所能控制的资源和机会减少，依据计划行为理论，投资意愿和投资行为就会受到负面影响。所以本文提出如下假设。

H：项目描述文本包含越多的欺诈线索，就越不容易获得参与者支持，项目融资成功率越低。

2.2 欺诈性检测模型

在众筹项目的线上展示方式中，项目的文本描述所占篇幅最大，它是用户获取项目信息的主要方式。产品描述能够显著影响产品销量，将其运用到众筹项目上来说，在互联网背景下，文本描述作为展示众筹项目的最主要内容，也会影响投资者的投资意愿。有学者通过使用基于心理学分类的词典对项目描述文本进行分析，揭示了描述文本中特定词汇的使用可以提高项目筹资成功率。文本信息有多种维度，本文将重点关注欺诈性线索的识别及其如何影响投资者的投资意愿。Newman 和 Pennebaker[4]从心理语言学上分析，认为伪造的故事与真实的故事在语法的使用上存在差异，所以可以利用语言特征设立指标来检测文本欺诈性。已有的研究文献把欺诈检测划分为多个方面。本文将遵循已有的研究成果，针对中文的语言特征，采取以下几个指标作为欺诈检测的标准。

（1）内敛性。内敛性是指文本逻辑连贯并且完整。Graesser 等[12]发现连词数量越多，文本的内敛性越强。虚构的事件总是支离破碎的。而许琼恺[13]针对欺骗性语料的特殊性，结合现有的文献资料，提出了基于假设检验的语言学线索抽取方法，通过文本内容的欺骗特征线索抽取，发现欺骗性文本比非欺骗性文本具有更少的第一人称代词、时间信息、空间信息和感知信息。参照所收集的文本数据特征，表 1 是收集到的常用连词和代词。

表 1　连词、时间和空间代词、人称代词列表（部分）

词性	实例
连词	况且 何况 乃至 纵使 纵令 纵然 致使 无论 不论 所以 只有 只要 乃至 与其 由于 因而 因为 因此 以至 以致 不然 不仅 不但 既然 即使 尽管 何况 况且 哪怕 除非 但凡 从而 而且 反而 而况 否则 固然 故而 果然 于是 至于 此外 譬如 如同 并且
时间和空间代词	这 那 这儿 那边 各 每 这里 这会儿 那儿 那里 那会儿 天 周 年 月 日
第一人称代词	我 朕 吾 予 余 俺 我们 咱们 大家 自己 俺们
非第一人称代词	厥 之 其 彼 诸 夫 人 他 它 她 人家 别人 旁人 他们 她们 诸位 列位 各位 任何人 有人 人们 它们 别人们 某人 有些人 你 您 尔 女 汝 若 而 乃 你们

（2）虚构性、分离性。现实检测理论（reality monitoring theory）显示，从真实经历回顾的故事会包含较多的空间和时间信息。Mcquaid 等[14]发现欺诈者经常使用"他们"这样的第三人称代词和单数人称代词，而真正的故事诉求者则更多地使用"我们"这样的人称代词和其他时间代词。Knapp 和 Comaden[15]发现说谎者通常将自己和他们的语言分离开来，因为他们缺少个人真实的经历。Mehrabian 和 Wiener[16]也发现相较于说真话的人，说谎者经常不会直接提起自己，而是采用一种间接的叙述方式。Newman 等[4]发现说真话的人更偏向使用第一人称，那些说谎者为了避免承担责任，更倾向于把自己从编造的故事中分离开来。欺骗性交际的特点是第一人称代词少，这是因为编造的故事总是比较简单，没有落实到具体时间地点，这样不易因前后不一致而露出破绽。分离性是指作者在多大程度上希望与文本内容分离开。欺骗行为通常与高度焦虑和内疚有关，欺诈者由于撒谎而感到愧疚，希望能够与欺诈文本分离，所以总倾向于使用非第一人称代词。

（3）多样性。多样性反映了词汇的宽泛度，Durán 等[17]采用文本中词汇的相对频数来度量。邓莎莎等[18]结合心理学相关的欺骗理论，提出了 11 种欺骗语言线索共 3 类欺骗特征（评论的词语词频；评论内容的丰富程度，其中包括词性分布、语句多样性、时空代词和感知信息；内容信服度特征，主要是语言接近程度特征），并在由评论者分别撰写的真实评论和虚假评论语料上检验了各种欺骗组合特征集的效果。实验证明，识别欺骗评论的精度接近 80%。Lau 等[3]针对 Amazon 上对产品和服务的评论，设计试验了新的计算模型来检测虚假评论，通过语义重叠性，可以判定文本不可信的程度。Wang 等[19]利用三个节点构造网络来判断评论的虚假性，认为利用相似度可以识别虚假信息。综上所述，可以看出文本语句多样性、语义重叠性、还有语言接近程度都是度量文本欺诈性的良好指标，为此，我们通过词汇多样性来衡量文本的欺诈性程度。

文本的多样性指数越大，说明文章的层次越高，编写者文化水平越高，文本欺诈性就会越低。本文借鉴辛普森指数来计算文本的多样性：

$$D = \frac{1}{\sum \left(\dfrac{F_i}{\text{length}}\right)^2 \text{length}} \qquad (1)$$

其中，F_i 为词语 i 出现的频数；length 为文本长度。

（4）复杂性。复杂性反映了文本在多大程度上被读者理解。Lau 等[3]根据不确定性减少理论和可能性模型，发现文章长度在 20~817 字长时，额外的描述对借贷的成功有正向的作用，语言若表现出具体性这一维度，文本中含有描述的数量信息能增加借贷的成功率。彭红枫等[20]基于 Prosper 平台上的数据，利用迷雾指数，发现在利率竞拍机制下，信用等级越低的借款人，越倾向于提供借款陈述；借款人提供借款陈述能降低借款成本，但是不一定能提高借款成功率。在利率竞拍模式下，借款陈述的迷雾指数与借款成功率呈现倒"U"形关系。迷雾指数是句子的平均长度和复杂单词所占比例的线性组合〔式（2）〕，用于度量借款陈述的阅读难度，迷雾指数的值越小，说明借款陈述的可读性越强。可读性过强的文本虽然生动易懂，但是在语言表达的精确性、理论的严密性等方面却相对不足。

$$\text{FogIndex} = 0.4(\text{ASL} + 100\text{ACW}) \qquad (2)$$

其中，ASL 为句子的平均长度，由总词语个数除以句子个数得到；ACW 为复杂词语的比例，由复杂单词个数（即音节大于 2 的词语个数）除以总单词个数得到。

3 数据来源与实验结果

3.1 数据来源

实验数据来自众筹网。众筹网是一家有影响力的众筹融资平台，为大众提供筹资、投资、孵化、运营一站式综合众筹服务。2017 年，众筹网为近 1 万个项目筹款超过 1 亿元。

筹资失败的项目无法被搜索引擎直接检索到，但是项目的统一资源定位符仍旧有效。每个项目都有编号作为标识，所以可将其作为识别的线索，通过循环项目编号来采集文本，所采集到的文本中包含了失败和成功的项目，通过控制编号数量，就可以得到所需数量的项目。

利用 Python 语言编写爬虫程序，抓取众筹网的文本数据，表 2 给出一个实例。将项目信息存入文件，并通过选取的度量指标转换为数值信息，然后进行线性和逻辑回归分析，从而获得参数结果来检测模型的准确性。

表 2 文本实例展示

项目编号	项目标题	项目简介	融资结果
58207	跑跑面试：用手机做面试	功能介绍：我们追求极致的用户体验，希望用科技来解决企业在招聘面试过程中的棘手问题，为所有正处在找人难、招人难的企业人力资源管理者们带来一种新奇又激动人心的产品。创造一个新的产品实在不容易，在推出这个全新的产品理念并诉诸实践的过程中存在很多困难，我们想借众筹平台与大家分享这一成果，让所有企业的人力资源管理者们能体验到全新的面试模式。希望大家能与我们同行，请多多支持！①	成功
119917	松子的呐喊：不做低头族	愿与大家一同分享那些存在深山原生态的东西，若项目成功我将为大家收集新鲜的未经任何加工的松子。坐车走这样的路我从来都不敢系安全带，若……我们的选择就是及时跳车。这样的事故时有发生，特别是在雨季，若稍微大一点的车走这样的路遇到急弯一次性不过来需要倒一次车的，驾驶员必须下车用石头把车轮边缘卡住再倒车，若不这样稍微调整不好可能就会……②	失败

① 《跑跑面试：用手机做面试》，http://www.zhongchou.com/deal-show-id-58207[2017-04-13]。
② 《松子的呐喊：不做低头族》，http://www.zhongchou.com/deal-show-id-119917[2017-04-13]。

3.2　实验结果

收集到 4317 个项目数据,除去重复和缺失数据,得到 4008 个项目数据。其中,成功项目 1851 个,失败项目 2157 个。项目简介字符数共 4 050 819 个,平均长度为 938.34 个。

采用皮尔森相关系数对欺诈度量指标所对应的自变量进行相关性分析,结果如表 3 所示。可以发现,第一人称代词、非第一人称代词和连词数量之间存在多重相关性。如果不处理,其将会影响后续分析的准确性。经调整,将第一人称和非第一人称指标合并,以人称代词(第一人称代词数量与非第一人称代词数量的差值)来代替这两个指标。再次进行皮尔森相关系数计算(表 4),处理后,变量间的相关系数下降,可进行后续分析。项目结果为二分变量(0 或 1),故首先采取逻辑回归后可得结果,如表 5 所示。

表 3　皮尔森相关系数表（一）

项目	连词	时空代词	第一人称代词	非第一人称代词	迷雾指数	多样性指数
连词	1	0.18	0.6	0.48	−0.06	−0.45
时空代词	0.18	1	0.22	0.42	−0.0094	−0.34
第一人称代词	0.6	0.22	1	0.48	−0.05	−0.49
非第一人称代词	0.48	0.42	0.48	1	−0.051	−0.45
迷雾指数	−0.06	−0.0094	−0.05	−0.051	1	0.045
多样性指数	−0.45	−0.34	−0.49	−0.45	0.045	1

表 4　皮尔森相关系数表（二）

项目	连词	时空代词	人称代词	迷雾指数	多样性指数
连词	1	0.18	0.45	−0.06	−0.45
时空代词	0.18	1	0.041	−0.0094	−0.34
人称代词	0.45	0.041	1	−0.031	−0.34
迷雾指数	−0.06	−0.0094	−0.031	1	0.045
多样性指数	−0.45	−0.34	−0.34	0.045	1

表 5　逻辑回归模型结果表

项目	回归系数	估计标准误差	Z 值	$p > \lvert Z \rvert$	95%的置信区间	
连词	0.0280	0.015	1.913	0.056	−0.001	0.057
时空代词	0.0593	0.006	10.582	0.000	0.048	0.070
人称代词	0.0055	0.003	1.916	0.055	0.000	0.011
迷雾指数	−0.0013	0.004	−0.339	0.734	−0.009	0.006
多样性指数	0.3183	0.125	2.555	0.011	0.074	0.562
截距	−0.6130	0.116	−5.303	0.000	−0.840	−0.386

就内敛性来看,文本包含的连词数量越多,就越容易获得融资。虚构分离性方面,时空代词与人称代词和融资结果也呈正向关系。词汇复杂性方面,迷雾指数与融资结果呈负相关关系,文本多样性指数则与融资呈正相关关系。

4 鲁棒线性检测

为了确保结论的准确性和稳定性，本文采集了更多的项目信息（表6），并采用以下方法进行鲁棒性测试。采取的测试方法是更换模型和因变量指标。首先，针对融资结果，更换了鲁棒线性回归模型（表7）；其次，针对筹资比率，将其作为连续的因变量替代了融资结果（二分变量）进行线性回归（表8）；最后，将它们合并进行对比分析来测试上述检测指标的容错能力和稳定性（表9）。

表6 项目扩展信息表

编号	项目结果	支持数/个	已筹款/元	筹资比例	目标筹资/元
139426	1	83	1 513	1.01%	1 500
116665	1	141	10 796	1.08%	10 000
143752	1	48	5 863	1.01%	5 808
7078	1	380	118 833	3.97%	30 000

表7 鲁棒性检验结果（一）

项目	回归系数	估计标准误差	Z值	$p > |Z|$	95%的置信区间	
连词	0.0051	0.004	1.372	0.170	−0.002	0.012
时空代词	0.0131	0.001	10.781	0.000	0.011	0.016
人称代词	0.0017	0.001	2.417	0.016	0.000	0.003
迷雾指数	−0.0005	0.001	−0.677	0.498	−0.002	0.001
多样性指数	0.0778	0.030	2.592	0.001	0.019	0.137
截距	0.3442	0.025	13.705	0.000	0.295	0.393

表8 鲁棒性检验结果（二）

项目	回归系数	估计标准误差	Z值	$p > |Z|$	95%的置信区间	
连词	0.0066	0.003	1.909	0.056	−0.002	0.012
时空代词	0.0132	0.001	11.133	0.000	0.011	0.016
人称代词	0.0013	0.001	1.914	0.056	0.000	0.003
迷雾指数	−0.0003	0.001	−0.352	0.724	−0.002	0.001
多样性指数	0.0693	0.030	2.312	0.002	0.019	0.137
截距	0.3587	0.027	13.406	0.000	0.295	0.393

表9 各模型系数与 p 值对比表

回归模型	回归参数	连词	时空代词	人称代词	迷雾指数	多样性指数
逻辑回归模型	回归系数	0.0280	0.0593	0.0055	−0.0013	0.3183
鲁棒线性回归模型	回归系数	0.0066	0.0132	0.0013	−0.0003	0.0693
普通最小二乘法回归模型	回归系数	0.0407	0.0124	0.0018	-1.387×10^{-5}	0.4224
逻辑回归模型	$p > |Z|$	0.0560	0.0000	0.0550	0.7340	0.0110
鲁棒线性回归模型	$p > |Z|$	0.0560	0.0000	0.0560	0.7240	0.0210
普通最小二乘法回归模型	$p > |Z|$	0.0100	0.0016	0.0000	0.9960	0.0010

表 9 显示，在 3 个不同的回归模型下，6 个检测指标的系数，符号一致，取值相近，说明所得结论具有稳定性。对 p 值而言，可以看到，除了人称代词和迷雾指数有波动外，其余检测指标系数的 p 值在 3 个回归模型下并没有太大的改变，结果仍旧显著。以筹资比率作为因变量时，迷雾复杂度则呈现较大的 p 值，迷雾指数结果将在下一章做具体分析。

通过鲁棒性测试后，可以认为逻辑回归的结果在一定置信区间内是稳定的，选取的检测指标是比较合理的。

5　假设检验结果及解释

逻辑回归及鲁棒性检测显示了欺诈性与融资结果的关系。内敛性与融资成功正相关。内敛性强，说明项目描述有逻辑性。从认知角度看，逻辑性强的文本比支离破碎的文本更有说服力，不容易产生欺骗性。

在虚构性和分离性方面，时空代词和人称代词与融资成功正相关，这是因为出现的时空代词和第一人称代词越多，说明撰写者在描述真实的事情时，倾向于从自己的视角出发，这比没有时间、地点和人物的描述更让人觉得可信。非第一人称代词多的文本会让人觉得是在讲述别人的故事，这样的文本更容易让人觉得是虚构的。

对于文本词汇复杂性来说，迷雾指数值越大，说明陈述的复杂度越高，文本可读性越弱。这说明文本词汇复杂度越高，可读性越弱，融资越不容易成功。理论上，就复杂性来说，欺骗性的文本具有较少的长句和较少的音节，即较低的复杂度，这样的文本虽然生动易懂，但是在语言表达的精确性、理论的严密性等方面相对不足，所以更容易显示出欺诈性。反倒是可读性稍弱一些，复杂性稍高的文本较易获得信任。此次验证的结果与理论上不完全符合，可能有以下两个原因：①在实际项目中，复杂性过高会令人觉得晦涩难懂，有故弄玄虚之感。通俗易懂的文本反倒更像是真实的事情，包含过多复杂词汇的文本不像在叙述真实事件。在现实中，大家会觉得复杂度高、可读性差的文章欺骗性更强，进而支持那些好理解的文本。在将来进一步的研究中，将定义词汇复杂性的分界线以便于做更细致的统计。②样本数据分为不同的类别，需要按照项目类别进行区分，不同类别的文本风格有差异。科技类的项目也许原本就比较高深莫测，引用了比较专业的术语，艺术类的项目更加注重描述，而农业类的项目风格可能比较务实，注重农产品细节的说明。为此，需要针对不同类别的项目，分别考虑它们的影响效果。有些词汇在特定的领域并不算是复杂词汇，而在文本中出现的频次却很高。这些词汇在特定分类的文本中进行研究的时候是需要进行甄别和剔除的。针对多样性指数来说，它与融资效果正相关。通常，文本的多样性越强，说明文字越复杂，句式也越复杂。比起那些单一的文本，人们会觉得这样的文本更加可靠，这也反映了撰写者的文化程度较高。那么无论针对文本本身还是撰写者，这类文本都不易显示出欺诈性，所以项目更容易得到支持。由上述各个指标的分析结果看来，除去复杂性指标与理论上有一定出入外，最初的假设在置信区间内成立，即欺诈性越高的文本越不容易获得支持，融资越不容易成功。

6　理论贡献和管理启示

本文证实了欺诈性语言特征与参与者支持行为呈负相关关系，并显著影响项目筹资效果，说明了人们对于欺诈这一维度的刻板印象，验证了一定置信范围内理论指标的正确性。同时，借鉴自然语言学和心理学的理论，提出检测欺诈性可能性的指标，构建检测模型，启示众筹发起者合理描述项目，帮助参与者和众筹平台更好地甄别项目，这在一定程度上充实了众筹投资理论。

对于众筹投资者来说，甄别项目时，首先要关注项目描述的内容。但是，如何根据文本描述去甄别那些含有虚假信息的项目进而做出投资决定，仍旧有难度。本文提出的指标和检测模型，可以更为有效地帮助参与者审视描述性文本，通过对内敛性、分离性及虚构性、词汇复杂性、词汇多样性指标的计算，有助于参与者更加容易地找准项目定位，甄别项目背后是否暗藏欺诈的信息。

对于发起人来说，在描述众筹项目时，可能会采用错误的描述方式，文字表述过于晦涩，有时与自己的本意存在较大的偏差，甚至会令人误解为虚假信息，导致项目发布后难以获得民众支持，从而使得筹资失败。为此，可以通过检测指标进行文本分析。通过连词信息的计算来观察是否完整而连贯地叙述了故事情节；通过时空代词的计算来观察是否具体而细致地回忆了事件所发生的真实时间和地点；人称代词的数据分析可以帮助发起者观察是否引用了太多的非第一人称叙述词，使得文本像是虚构的故事；通过分析文本的复杂性和词汇多样性来观察是否包含了冗余或晦涩难懂的词汇与句子，是否运用了宽泛的词汇和句子来表达自己的想法。经过上述分析，文本能更好地展示发起人的想法和创意，从而促成项目融资成功。

对于众筹网站来说，作为项目发布的承载平台，有责任保障项目的可靠性。针对那些可能存在欺诈的项目，平台本身应该对发起人进行更加严格的资质审查或者实名认证，以便于发生纠纷时有所防范和应对。对于可信性差的项目，平台可以拒绝发起者的项目发布。此外，平台还可以向发起者提出一定的警示，引导发起人规范、合理地发布自己的项目。针对潜在投资者来说，平台也应当在一定程度上保障他们的利益，可以发出公告，提醒他们要小心谨慎地实施自己的投资支持行为，一定要注意文本暗含的内容信息，做出决策时需要理智，同时平台应做出一些限制条件和项目善后服务。

7　不足与展望

首先，本文实验数据来自众筹网，来源不够宽泛；其次，没有对项目类别进行区分，如农业、艺术等不同类别，不同项目的文本描述各有偏重，风格不同，对这些数据进行相同的处理可能导致最终结果也有所区别，如果本文的研究采用已经被验证的数据集来进行验证，或者用一批已经被证实是由欺诈性描述导致失败的项目来进行佐证，那么指标的说服力将会更大，本文目前做的是一个验证预测类实验，在日后将着重于这部分数据的收集和检验，尝试更多的数据来源，增强数据样本容量和多样性；最后，对于文本分析模型来说，本文的自然语言处理技术在欺诈性线索挖掘方面有待提高。文本的特征各式各样，此次实验选取的维度还不够宽泛，如词频和语序对于文本来说也十分重要，一句话中转折连词的位置不同就可能导致整段文字呈现出截然不同的含义，这些维度也将在日后被考虑进模型中以便做更加细致的研究。数据处理上，多重共线性的解决方案仍旧是计量模型的一个重要方面，本次采取了人称代词这一指标的变化来降低多重共线性，未来研究中应当更加深入地处理这些变量间的关系。

另外，本文给出了欺诈性信息对投资意愿的影响，但是没有从心理学等视角探讨产生这种影响的原因，未来的研究应当进一步分析数据背后所隐含的意义。

参 考 文 献

[1] Goes P, Lin M, Au Yeung C M. Popularity effect in user-generated contents: evidence from online product reviews[J]. Information Systems Research, 2014, 25（2）: 222-238.
[2] Zhou M, Lu B Z, Fan W G, et al. Project description and crowdfunding success: an exploratory study[J]. Information Systems

Frontiers，2018，20：259-274.

[3] Lau R Y K，Liao S Y，Kwok R C W，et al. Text mining and probabilistic language modeling for online review spam detection[J]. ACM Transaction of Management Information System，2012，2（4）：1-30.

[4] Newman M L，Pennebaker J W，Berry D S，et al. Lying words：predicting deception from linguistic styles[J]. Personality and Social Psychology Bulletin，2003，29（5）：665-675.

[5] Schwienbacher A，Larralde B. Crowdfunding of Small Entrepreneurial Ventures[M]. Oxford：Oxford University Press，2010.

[6] 王伟. 项目描述的文本特征与投资意愿：基于众筹市场的研究[D]. 上海：同济大学，2016.

[7] Deci E L，Ryan R M. Intrinsic Motivation and Self-Determination in Human Behavior[M]. New York：Plenum Press，1985.

[8] Harter S. Effectance motivation reconsidered toward a developmental model[J]. Human Development. 1978，21（1）：34-64.

[9] Allison T H，Davis B C，Short J C，et al. Crowdfunding in a prosocial microlending environment：examining the role of intrinsic versus extrinsic cues[J]. Entrepreneurship Theory and Practice，2015，39（1）：53-73.

[10] Cholakova M，Clarysse B. Does the possibility to make equity investments in crowdfunding projects crowd out reward-based investments？[J]. Entrepreneurship Theory and Practice，2015，39（1）：145-172.

[11] Gerber E，Hui J，Kuo P Y. Crowdfunding：why people are motivated to post and fund projects on crowdfunding platforms[R]. Computer Supported Cooperative Work，2012.

[12] Graesser A C，McNamara D S，Kulikowich J M. Coh-Metrix：providing multilevel analyses of text characteristics[J]. Educational Researcher，2011，40（5）：223-234.

[13] 许琼恺. 基于语言特性的互联网欺骗信息的自动识别[D]. 上海：上海交通大学，2014.

[14] Mcquaid S M，Woodworth M，Hutlon E L，et al. Automated insights：verbal cues to deception in real-life high-stakes lies[J]. Psychology Crime & Law，2015，21（7）：617-631.

[15] Knapp M L，Comaden M A. Telling it like it isn't：a review of theory and research on deceptive communications[J]. Human Communication Research，1979，5（3）：270-285.

[16] Mehrabian A，Wiener M. Decoding of inconsistent communications[J]. Journal of Personality and Social Psychology，1967，6（1）：109-114.

[17] Durán P，Malvern D，Richards B，et al. Developmental trends in lexical diversity[J]. Applied Linguistics，2004，25（2）：220-242.

[18] 邓莎莎，张明柱，张晓燕，等. 基于欺骗语言线索的虚假评论识别[J]. 系统管理学报，2014，23（2）：263-270.

[19] Wang G，Xie S，Liu B，et al. Identify online store review spammers via social review graph[J]. ACM Transactions on Intelligent Systems and Technology，2012，3（4）：1-21.

[20] 彭红枫，赵海燕，周洋. 借款陈述会影响借款成本和借款成功率吗？——基于网络借贷陈述的文本分析[J]. 金融研究，2016，（4）：158-173.

The Impact of Fraudulent Clue in Crowdfunding Campaign Description on Investment Willingness through Text Analytics

SHEN Ni[1]，WANG Hongwei[2]，WANG Wei[3]

（1. School of Management，ZheJiang University，Hangzhou 310058，China）

（2. School of Economics and Management，Tongji University，Shanghai 200092，China）

（3. College of Business Administration，Huaqiao University，Quanzhou 362021，China）

Abstract　Taking the crowdfunding market as the research object, this paper combines the method of text analysis and econometric model analysis to validate the relationship between fraudulent of the project description and the investment willingness. This paper adopts the following text indicator variables to detect and measure the fraudulent information in the text: cohesion, dissociation, fabrication and so on. This paper utilizes the linear and logistic regression models and test the robustness of the models as well. The experimental results show that the fraudulent clues describing the project have a negative correlation with the user's online investment willingness. For this reason, investors should consider the fraudulent information implied by the project description when choosing a project, and to avoid asset damage. The sponsors should also pay attention to circumvent fraudulent description when describing the project, so as to avoid misunderstanding, and at the same time crowdfunding platforms should strengthen their management ability.

Key words　Crowdfunding projects，Fraudulent identification，Text analysis，Investment willingness

作者简介

沈倪（1994— ），女，浙江大学管理学院博士研究生，研究方向：信息管理和数据挖掘，物流供应链与物流管理优化。E-mail：rowlandshen1@163.com。

王洪伟（1973— ），男，同济大学经济与管理学院教授、博士生导师，研究方向：商务智能与文本挖掘。E-mail：hwwang@tongji.edu.cn。

王伟（1982— ），男，华侨大学工商管理学院副教授、硕士生导师，研究方向：金融科技与商务数据分析。E-mail：wwang@hqu.edu.cn。

基于脑电技术的手机游戏用户体验评价研究[*]

姜钧译[1]，郭　伏[1]，吕　伟[1]，王　瑶[1]，肖　扬[2]

（1.东北大学 工商管理学院，辽宁 沈阳 110169）

（2.东北大学 计算机学院，辽宁 沈阳 110169）

摘　要　为实现手机游戏用户体验的有效评价，利用脑电（electroencephalogram，EEG）技术记录不同用户体验水平的手机游戏引起的被试脑电活动变化，并利用所开发量表测量被试游戏体验后的主观评价。采用节律波能量值将各频段波形进行定量化分析，分析节律波能量值与主观评价的关系。实验结果表明，头皮后顶区和枕区的 α 节律波能量值、前部顶区和颞区的 δ 节律波能量值等脑电指标可以用于区分不同手机游戏的用户体验水平，EEG 技术可能成为测量手机游戏用户体验水平的一种新的方法。

关键词　手机游戏，用户体验，脑电，α，δ

中图分类号　B842.6

1　引言

　　随着智能手机的普及，手机游戏已成为人们日常生活中休闲娱乐的重要方式。据统计，我国网民使用手机进行游戏的比例接近 50%，手机娱乐服务已经成为移动互联网业务增长的核心推动力。然而，面对游戏市场上纷繁的游戏种类和数量，真正能够吸引用户并获得巨大利润的手机游戏却屈指可数[1]。问题的症结在于部分游戏糟糕的设计带来的用户体验与用户期望相差甚远，用户在游戏体验中无法获得足够的愉悦感和成就感，导致用户精神疲劳并最终放弃或卸载游戏[2]。

　　提升用户体验是游戏设计最重要的目标，有助于设计人员在设计初期对手机游戏进行规范化评价，从而进行针对性的改进[3]。学术界对用户体验的定义目前还未达成一致，相关研究文献多是根据实际研究问题来选择用户体验的构成要素的[4]。心流体验理论由 Csikszentmihalyi[5] 提出并被广泛应用于游戏研究中。该理论指出，用户体验研究属性包括可用性、用户技能、挑战、注意力、愉悦性、唤醒度及临场感等，用户体验被描述为用户的一种全身心投入、最佳的体验状态[6]。Sweetser 等基于心流体验理论，结合多种游戏可用性和用户体验启发式方法建立了 GameFlow 模型，用于对传统电子游戏用户体验进行评价[7]，它包含引起用户心流体验的各种因素，如沉浸感、清晰的目标、控制感、反馈、注意力、挑战、技能和社交。Fu 等在 GameFlow 模型的基础上增加了用户知识提升维度并建立了 EGameFlow 模型，实现了对教育类游戏的用户体验评价[8]。Korhonen 和 Koivisto 建立了移动游戏可玩性启发式评价模型，该模型是由可用性、移动性、游戏性三个维度构成，是第一个重点考虑移动性因素的用户体验评价模型[9]。以往对游戏用户体验的研究多采用专家评估或用户调查两种方法，研究方式的主观性并不能真实反映游戏玩家当时的心理状态，情感变化的复杂性也导致用户往往因为语言匮乏无法表达心中所想，从而导致

---

[*] 基金项目：国家自然科学基金项目（71471033，71771045）；东北大学"双一流"学科建设资助项目（02050021940101）。

通信作者：姜钧译，东北大学工商管理学院，博士研究生，E-mail：13998885836@163.com。

评价结果缺乏说服力。

近些年，人机交互（human computer interaction，HCI）设计领域逐渐采用生理指标进行用户体验评价，并越来越受到游戏领域的重视[10]。生理信号是人体内部器官在情感发生变化时而产生的一种生物电信号，生理数据能够以持续的方式获得，从而能够实时地评估用户的情感状态。以往用于测量游戏玩家情感的生理方法有面部表情编码系统（facial action coding system，FACS）、皮肤电反应（galvanic skin response，GSR）、心电图（electrocardiogram，ECG）等。然而，随着研究的深入，这些方法存在的局限也逐渐暴露出来。例如，轻度情感刺激往往不能引起可观测的用户面部表情变化，导致无法充分揭示用户持续的情感变化[11]；年龄、性别、体温、皮肤、湿度、深呼吸等会对用户的 GSR 产生影响，用户性格特点的差异也会影响测量结果，导致用户组间或同一用户在不同测试时段的 GSR 测量结果难以比较[12]；而 ECG 只能在积极刺激和消极刺激呈现后的第 6 秒产生差异，而无法对刺激呈现前 5 秒内的用户情感进行甄别[13]。因此，需要探索更加准确的生理手段以用于用户体验测量。

目前，神经科学在用户体验领域得到了广泛的应用，其中 EEG 技术提供了一种访问和记录用户神经活动的方法，允许计算机检索并分析用户思考时产生的脑电频谱特征，是一种可靠且具有高分辨率的生理测量手段。相比于其他脑神经研究方法（正电子发射断层扫描技术、功能磁共振成像等），无创伤的脑电测量能够直接反映出人们的具体心理活动，且成本较低，是探索脑活动的一种常用技术。通常需要对脑电信号进行特征提取，然后分析其所代表的心理含义。常用的脑电特征有时域特征、频域特征和时–频特征[14]。时域分析指的是利用脑电波形图相关信息（峰值和潜伏期的均值、方差等）作为特征，采用事件相关电位（event-related potentials，ERP）技术进行分析；频域分析则是指利用脑电信号频域特征作为脑电特征，利用现代功率谱分析方法，得出与特定脑活动相关的频率。在 EEG 研究中，以下五种频带的指标常被用到[15-17]，即 δ（0.5~4 赫兹）、θ（4~8 赫兹）、α（8~13 赫兹）、β（13~30 赫兹）、γ（30~80 赫兹），这些频带的脑电波所表示的含义及产生的主要部位如表 1 所示。

表 1   不同频带脑电波的含义及产生的主要部位

频带/赫兹	含义	产生的主要部位
δ[0.5, 4)	无意识状态、动机	前扣带皮层吻侧和伏隔核
θ[4, 8)	幻想、情感	岛叶和右侧顶叶皮层
α[8, 13)	注意力、短期记忆	后顶区和枕区
β[13, 30)	感官运动行为	额区和枕区
γ[30, 80)	信息接收和传输、综合加工	额区、顶区和枕区

一些学者已经将 EEG 技术应用于传统电视游戏研究。例如，Johnson 等采用问卷调查和 EEG 技术测量相结合的方法，研究在合作型游戏中非玩家角色（non-player character，NPC）与玩家角色（player character，PC）作为玩家队友时的用户体验差异。主观结果表明，PC 作为队友时玩家与队友的联系更紧密，但游戏绩效和沉浸感较低；脑电结果表明，PC 作为队友时玩家 α 节律波、θ 节律波和 β 节律波的能量值相对更高[18]。McMahan 等通过测量玩家的脑电信号来反映游戏参与度，分析结果表明，θ 节律波能量值和 $\beta/(\alpha+\theta)$ 能量比在不同模式下呈现显著性差异，能够用于预测玩家的参与度[19]。Nacke 等在游戏"半条命 2004"中设计了玩家认知为无聊、沉浸和心流的三种游戏场景，用于测量玩家在不同场景下的脑电数据。结果表明，δ 节律波和 θ 节律波能量值在心流与无聊两种场景下均不存在显著性差异，但均与沉浸场景存在显著性差异[20]。另外，Javaid 等采用 Higuchi 的分形维数法对游戏玩家的脑电信号进行特征提取，利用支持向量机算法建立游戏用户情感 4 分类（愉悦、悲伤、快乐、沮丧）模型，结果表明选择 8 个电极点进行的情感分类准确率明显高于 3 个电极点[21]。上述研究都是针对传统电视游戏，

而手机游戏在操作方式（多为触屏或重力感应）、屏幕尺寸（3.5~6 英寸①）等方面均与传统电视游戏存在较大区别，这些因素也决定了手机游戏具有便携性、游戏时间碎片化、参与性强、易于上手等特点；在游戏受众上，传统电视游戏的"骨灰级"玩家偏多，游戏多以竞技目的为主，而手机游戏的潜在用户更为广泛，任何拥有智能手机的用户都可能成为手机游戏的受众，游戏也多以休闲目的为主。上述差异共同决定了手机游戏用户体验区别于传统电视游戏，因此不应将对于传统电视游戏的分析结论简单地套用到手机游戏研究中，而需要做进一步验证。

对游戏用户进行生理测量能够获得连续、及时、非侵入的客观数据，实验精度较高。但是，如何对生理指标数据进行合理的解释却是该方法的难点，且大部分心理状态和生理反应之间存在多对一的关系。所以，在使用生理测量时一般需要结合使用主观问卷，这样做既能够基于主客观方法实现对手机游戏用户体验的综合评价，又能够根据以往研究对生理数据进行充分解释[22]。基于上述分析，本文采用主观问卷与 EEG 技术相结合的方法，旨在探讨不同用户体验水平的手机游戏所引起玩家脑电活动的差异，从而弥补现有手机游戏用户体验测量方法的不足。

实验选择手机游戏作为刺激材料，通过用户主观评价确定不同手机游戏的用户体验水平，将手机游戏用户体验水平分为高低两类，为脑电实验研究提供依据。本文中用户体验是指手机游戏体验引起的用户认知和反应，不涉及用户在游戏外的交互行为。最后将手机游戏中高用户体验水平、低用户体验水平和休息阶段引起的脑电活动进行对比，预期不同用户体验水平的手机游戏能引起用户在游戏功能上认知的差异，潜意识下用户会对体验水平高的手机游戏表现出一定的偏好或者倾向性，主要表现在脑电活动的差异上。综合脑电和认知科学的研究，以及不同频带的节律波能够反映人们的认知和心理，从而推测不同用户体验水平的手机游戏主要引起被试注意、情感体验、信息处理、记忆、幻想等方面的差异[16, 23]，具体表现在 $\delta[0.5, 4)$、$\theta[4, 8)$、$\alpha[8, 13)$ 和 $\gamma[30, 80)$，因此初步选定以上 4 个 EEG 技术指标用于手机游戏用户体验实验研究。

2 研究方法

本文的研究主要采用问卷调查和脑电实验相结合的方法。问卷调查主要验证实验采用的手机游戏用户体验主观评价量表的有效性，同时也可为后续的脑电实验研究提供实验材料分类依据。具体过程如下：首先，结合以往研究构建手机游戏用户体验评价量表，确认量表效度；其次，被试参与实验游戏的主观评价，根据已有手机游戏量表将实验游戏进行分类，确定实验游戏的用户体验水平，从而为脑电实验提供叠加对比的依据。脑电实验则进一步探索被试在对手机游戏进行用户体验时的神经反应，为揭示手机游戏用户体验的评价提供生理依据。

2.1 手机游戏的用户体验评价

2.1.1 手机游戏选择

《2016 年中国手机游戏行业趋势绿皮书》显示，2015 年我国移动电竞游戏用户规模达到 1.96 亿人次，相比于 2014 年提高了 2.2 倍，移动电竞收入达到 60 亿元，相比于 2014 年提高了 30%。随着手机游戏市场竞争的加剧，研究手机游戏的设计更具实际意义。根据 360 手机助手下载排行榜，在精选栏中随机选取 5 款手机游戏作为实验材料，分别是：海岛奇兵、皇室战争、开心消消乐、欢乐斗地主和地铁跑酷。

---

① 1 英寸=2.54 厘米。

2.1.2　手机游戏用户体验量表

（1）手机游戏用户体验量表构建。根据 Csikszentmihalyi 的最佳体验理论[5]、GameFlow 模型[7]与 Korhonen 和 Koivisto[9]建立的移动游戏可玩性评价模型等研究设计手机游戏用户体验量表，对手机游戏用户体验的评价主要从反馈、沉浸、挑战、社交、控制及移动六个方面（附录 A）进行。采用 7 分制利克特量表对指标进行评价（1 分表示完全不同意，7 分表示完全同意）。

（2）问卷设计和调查。问卷内容包括被试基本信息（性别、年龄、学历、职业）和手机游戏用户体验评价指标。考虑手机游戏使用对象主要面向广大青年，问卷调查对象主要集中于在校大学生和企业职工，调查方式包括手机软件问卷星或发放纸质问卷两种形式，共收集问卷 397 份，剔除漏填及填写一致性的无效问卷后，得到有效问卷 380 份。经过 SPSS 18.0 进行数据处理，得到量表信度克隆巴赫 α 系数=0.890>0.7，通过信度检验[24]。验证性因子分析结果表明，该量表具有良好的收敛效度和判别效度，适用于手机游戏用户体验调查研究。

2.2　脑电实验

2.2.1　实验材料及设备

通过主观评价问卷最后确定的 5 款手机游戏中，皇室战争用户体验水平最高，而地铁跑酷最低，因此选择这两款手机游戏作为本次脑电实验的刺激材料。实验所使用的手机型号是 OPPO R7sm，搭载 5.1.1 版本的 Android 系统。屏幕尺寸为 5.5 英寸，分辨率为 1920×1080。

实验采用 Neuroscan 公司所生产的 128 导脑电记录设备，硬件包括脑电信号采集放大器、电极帽及 Stim 系统。软件包括 Curry 7.0 脑电记录分析系统和用来进行数据处理的 Matlab 程序。电极位置采用国际 10-20 系统，实验中利用 Ag/AgCl 电极帽上 C3、C4、CP3、CP4、CPZ、CZ、F3、F4、F7、F8、FC3、FC4、FCZ、FP1、FP2、FPZ、FT7、FT8、FZ、O1、O2、OZ、P3、P4、P7、P8、PO3、PO4、POZ、PZ、T7、T8、TP7 和 TP8 总共 34 个电极点采集脑电信号（附录 B）。同时安置 4 个电极记录眼电，在左眼正上方 1.5 厘米处和正下方 1.5 厘米处安置电极采集垂直眼电，以及左右眼角外侧 1.5 厘米处安置电极采集水平眼电。参考电极放置于左侧乳突，同时记录右侧乳突电极。接地电极为位于 FPZ 和 FZ 中间的 GND 电极。头皮与每个电极之间的电阻均需小于 5000 欧，连续记录时滤波带通为 0.05~100 赫兹，采样率采用 500 赫兹。

2.2.2　实验被试

选取东北大学 24 名在校学生（男性 21 人，女性 3 人）作为被试，年龄为 18~27 岁。参与实验的被试身体健康，且均为右利手，裸眼或矫正视力正常。被试在实验前对实验过程知情并自愿进行实验，所有被试使用手机游戏年限均在 2 年以上。

2.2.3　实验程序

实验时对每位被试单独施测，并确保被试的实验环境相同。进行手机游戏任务之前，要求被试静坐休息三分钟，记录被试处于平静状态下的脑电信号。休息结束后，要求被试进行手机游戏任务。为了消除因为游戏任务顺序可能造成的差异，将被试随机分配为与游戏顺序相反的两组。具体游戏任务说明如下。游戏皇室战争任务：浏览菜单信息及卡牌信息→选择卡牌组成出战卡组→与其他玩家进行一局对战→在对战过程中发送系统表情或文字，进行互动，对战结束即任务结束→填写主观评价问卷。游戏地铁跑酷任务：浏览菜单等信息→进入形象菜单，选择角色→点击开始游戏，任务时间设置为 5 分钟，由主试提醒被试结束任务→填写主观评价问卷。整体实验结束后，与被试进行简单的访谈，进一步了解被试对于两款游戏体验的主观感受。

邀请被试进入环境适中的实验室，向被试说明实验任务流程和注意事项。打开 Neuroscan 主机，被试佩戴脑电帽，被试脑电波达到平稳状态后开始记录。通过 E-prime[①]系统分别在实验开始前（休息状态）、两款游戏开始时、两款游戏结束后的五个时间点设置标记点，以便于后期数据段的截取。具体流程如图 1 所示，实验场景如图 2 所示。

图 1   实验流程

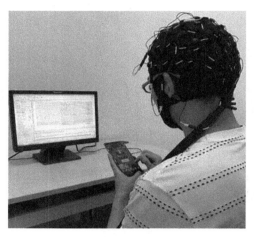

图 2   实验场景

2.2.4   脑电信号的处理

1）伪迹处理

脑电信号受人们内心活动的影响，具有很强的随机性及节律多样性，因此脑电信号比较容易受到其他信号干扰，从而形成干扰和伪迹。这里综合使用 Matlab R2008a、Curry 7.0 系列软件和 eeglab 工具箱来对脑电信号进行伪迹处理。

2）脑电信号的特征提取

通常采用的脑电信号特征提取指标有样本熵和节律波能量值[25, 26]。本文中的样本熵在三个阶段均无明显变化趋势，因此不做分析。节律波能量值对每一频段的节律波按照时间序列进行幅值的运算，其运算公式如下：

$$E_b = \sum_{i=1}^{t} \left| x_i \right|^2 \tag{1}$$

其中，$i=1, 2, \cdots, t$；b 为不同频率的波段；E_b 为不同节律的能量；$\left| x_i \right|$ 为时间点 i 的幅值绝对值。依次计算每个被试在各个电极点的节律波能量值，随着时间的变化，就可以得到每个频段的波形随着任务进行，其节律波能量值的变化情况。考虑刺激作用于脑机制时各节律波变化的同步性，有必要计算节律波间能

---

① E-prime 是 experimenter's prime 的简称，是实现计算机行为研究的一个跨平台系统。

量比，并将其作为衡量游戏用户体验水平的综合指标，其计算公式如下：

$$P_b = \frac{E_b}{\sum_b E_b} \qquad\qquad （2）$$

通常选取两种相对能量比值算法[27]：δ/α 和 $(\delta+\theta)/(\alpha+\theta)$。经过预处理，可以得到每位被试的所选电极点在相应频段的波形，然后，根据式（1）和式（2）计算出各节律波能量值和相对能量比值，最后进行统计分析，并做出脑地形图。

3 实验结果分析

3.1 主观测量结果

对收集到的生理 EEG 数据和主观评价数据进行相应处理，剔除存在数据缺失的被试，最终保留 20组数据（男性 17 组，女性 3 组）。描述性统计结果如表 2 所示，对两款手机游戏用户体验主观评价数据进行配对样本 t 检验。统计结果显示，除移动和控制两个维度外，两款游戏在其余维度和用户体验总分上均表现出显著的差异，对游戏皇室战争的主观评价要明显优于游戏地铁跑酷，如图 3 所示。

表 2　两款游戏用户体验水平的评价结果

游戏	反馈	沉浸	挑战	社交	移动	控制	用户体验
皇室战争	6.2500	6.2375	5.6667	5.6125	5.4875	4.7750	34.0292
地铁跑酷	5.7667	4.5625	4.5000	2.9625	5.0375	4.4250	27.2542

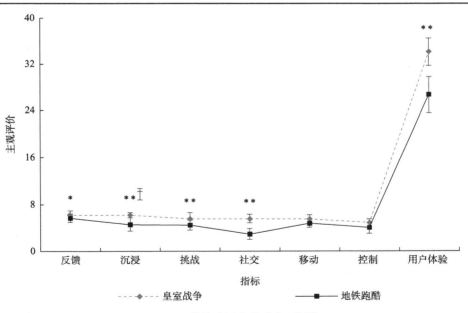

图 3　两款游戏用户体验主观评价

*表示 $p<0.05$；**表示 $p<0.01$
节点的误差线表示主观评价的区间范围

3.2 脑电测量结果

首先计算出被试在休息、皇室战争和地铁跑酷三个阶段的脑电信号节律波的相对能量值。经过对比，发现所选电极点在各频段的节律波能量值变化情况基本一致，对选取电极点 CZ 做详细说明。图 4 显示被试进行高用户体验水平的手机游戏（皇室战争）时，各电极点的 δ 节律波、θ 节律波、γ 节律波及两种算法的能量值在高用户体验的手机游戏中最高，在休息阶段最低；而各电极点的 α 节律波能量值在皇室战争阶段最低，在休息阶段最高。

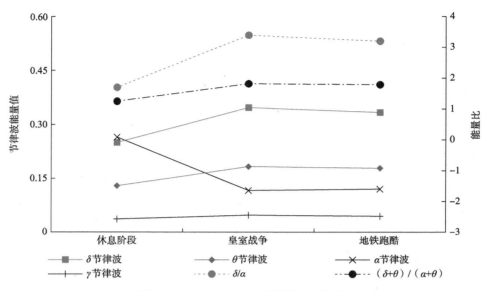

图 4   电极点 CZ 在三个阶段的相对能量

为展示被试三个阶段各节律波能量值差异所在的位置和区域，图 5 给出了 4 种节律波和 2 种能量比在不同阶段下的能量值地形图。对每位被试在休息、游戏皇室战争和游戏地铁跑酷阶段中激活程度明显的电极点的节律波能量值的均值进行配对样本 t 检验，以检验被试在各阶段的脑电指标差异是否显著。分析结果表明：δ 节律波能量值地形图中头皮前部顶区和颞区电极点激活程度明显（主要是 F3、FZ、F4、FC3、FCZ、FC4、T7、TP7、P7、T8、TP8 和 P8 电极点），休息阶段的 δ 节律波能量值显著小于游戏阶段，且高用户体验水平下的 δ 节律波能量值显著大于低用户体验水平下的值（$p<0.05$）。θ 节律波能量值地形图中头皮额区和前部顶区电极点激活程度明显（主要是 FP1、FPZ、FP2、F3、FZ 和 F4 电极点），休息阶段的 θ 节律波能量值显著小于游戏阶段，但两种用户体验水平下的 θ 节律波能量值差异并不显著（$p=0.378$）。α 节律波能量值地形图激活明显区域集中在后顶区和枕区（主要是 P7、P8、O1、O2、PO3、POZ 和 PO4 电极点），休息阶段的 α 节律波能量值显著大于游戏阶段，低用户体验水平下的 α 节律波能量值显著大于高用户体验水平下的值（$p<0.05$）。γ 节律波能量值地形图激活明显区域集中在枕区和后部顶区左侧（主要是 CP3、CPZ、P3、PZ 和 O1 电极点），休息阶段的 γ 节律波能量值显著低于游戏阶段，但两种用户体验水平下的 γ 节律波能量值差异并不显著（$p=0.405$）。能量比 δ/α 能量值地形图激活明显区域集中在额区和前部顶区（主要是 FP1、FPZ、FP2、FZ 和 FCZ 电极点），休息阶段的 δ/α 相对能量比值显著小于游戏阶段，且高用户体验水平下的 δ/α 能量比显著大于低用户体验水平下的能量比（$p<0.05$）。能量比 $(\delta+\theta)/(\alpha+\theta)$ 的能量值地形图激活明显区域集中在中央顶区和右侧颞区（主要是 FZ、FCZ 和 T8 电极点），休息阶段的 $(\delta+\theta)/(\alpha+\theta)$ 相对能量比值显著小于游戏阶段，且高用户体验水平下的 $(\delta+\theta)/(\alpha+\theta)$ 能量比显著大于低用户体验水平下的能量比（$p<0.001$）。检验结果如表 3 所示。

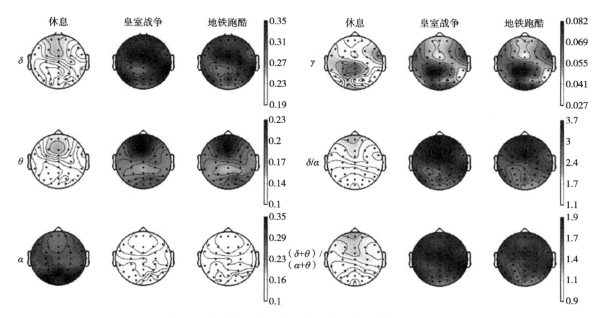

图 5　节律波和能量比在不同阶段下的能量值地形图

表 3　EEG 指标配对样本 t 检验结果

EEG 指标	配对样本	均值	标准差	t	df	Sig.（双侧）
δ	休息阶段–皇室战争	−0.092	0.090	−4.560	19	0.000
	休息阶段–地铁跑酷	−0.081	0.086	−4.177	19	0.001
	皇室战争–地铁跑酷	0.011	0.021	2.499	19	0.022
θ	休息阶段–皇室战争	−0.074	0.066	−4.974	19	0.000
	休息阶段–地铁跑酷	−0.066	0.045	−6.563	19	0.000
	皇室战争–地铁跑酷	0.008	0.040	0.903	19	0.378
α	休息阶段–皇室战争	0.202	0.196	4.608	19	0.000
	休息阶段–地铁跑酷	0.191	0.190	4.492	19	0.000
	皇室战争–地铁跑酷	−0.011	0.015	−3.230	19	0.004
γ	休息阶段–皇室战争	−0.016	0.018	−3.937	19	0.001
	休息阶段–地铁跑酷	−0.019	0.021	−4.073	19	0.001
	皇室战争–地铁跑酷	−0.003	0.016	−0.852	19	0.405
δ/α	休息阶段–皇室战争	−1.122	1.395	−3.597	19	0.002
	休息阶段–地铁跑酷	−0.690	1.207	−2.557	19	0.019
	皇室战争–地铁跑酷	0.432	0.536	3.603	19	0.002
$(\delta+\theta)/(\alpha+\theta)$	休息阶段–皇室战争	−0.524	0.610	−3.844	19	0.001
	休息阶段–地铁跑酷	−0.338	0.557	−2.709	19	0.014
	皇室战争–地铁跑酷	0.186	0.161	5.172	19	0.000

综上所述，测量结果表明所有电极点的各个节律波和能量比在休息、游戏皇室战争、游戏地铁跑酷三个阶段的变化趋势基本一致，且与对应激活脑区内的电极点能量值或能量比的平均值变化趋势相同

（尽管 θ 节律波和 γ 节律波能量值统计上未达到显著性水平），从而佐证了脑电测量结果的有效性。

3.3　脑电结果与主观评价结果关系分析

为进一步探索主观评价和脑电信号的关系，需要对手机游戏用户体验的主观评价数据和脑电数据进行相关性分析。其中，主观评价数据取两款手机游戏用户体验主观评价的平均值，4 个频段的节律波能量值和 2 种算法能量比同样取两款游戏的平均值，选取 3.2 节中能量值最大的电极点 FPZ。将手机游戏用户体验主观评价数据、4 种节律波能量值和 2 种算法能量比分别输入到 SPSS 18.0 中，执行双变量相关性分析，结果如表 4 所示。

表 4　主观评价结果和节律波能量值相关性（自由度为 20）

维度	δ	θ	α	γ	δ/α	$(\delta+\theta)/(\alpha+\theta)$
用户体验	0.469*	0.177	-0.477*	-0.338	0.467*	0.473*
	0.041	0.456	0.034	0.145	0.038	0.035
反馈	0.111	0.139	-0.146	-0.140	-0.114	-0.178
	0.640	0.558	0.540	0.555	0.633	0.452
沉浸	0.562**	0.136	-0.012	0.086	-0.092	-0.172
	0.010	0.567	0.959	0.719	0.698	0.468
挑战	0.001	-0.115	-0.456*	-0.214	0.344	0.177
	0.995	0.628	0.043	0.364	0.137	0.455
社交	0.156	0.351	-0.515*	-0.353	0.553*	0.610**
	0.512	0.129	0.020	0.127	0.011	0.004
移动	0.119	0.190	-0.219	-0.220	0.234	0.336
	0.616	0.421	0.353	0.352	0.320	0.148
控制	0.155	0.056	-0.336	-0.284	0.314	0.281
	0.514	0.816	0.148	0.225	0.178	0.230

**表示在 0.01 水平（双侧）上显著相关；*表示在 0.05 水平（双侧）上显著相关
注：灰底数据表示显著相关

结果显示，手机游戏用户体验水平与 δ 节律波能量值、δ/α、$(\delta+\theta)/(\alpha+\theta)$ 相对能量比呈显著正相关，与 α 节律波能量值呈显著负相关，与其他节律波能量值之间并无显著相关性。在手机游戏用户体验的各个维度上，沉浸维度与 δ 节律波能量值呈显著正相关；挑战维度与 α 节律波能量值呈显著负相关；社交维度则与 α 节律波能量值呈显著负相关，与相对能量比值 δ/α 和 $(\delta+\theta)/(\alpha+\theta)$ 呈显著正相关。相关性分析验证了 EEG 指标用于测量手机游戏用户体验水平的可行性，通过主观问卷和脑电测量能从不同方面反映手游玩家的用户体验水平，为更全面地测量手机游戏用户体验提供了新的研究思路。

4　讨论

研究证明，不同频段的脑电与手机游戏玩家的认知加工、情绪、记忆等有关[28]。在实验中，玩家与手机游戏进行交互，不仅涉及感官体验，而且涉及对各种任务信息的加工和处理，因此产生了各种频段的波形。对于 α 波，统计结果显示在后顶区和枕区电极位置手机游戏用户体验具有显著的主效应。当大脑皮层处于非活动状态、精神处于懒惰状态时，会产生 α 节律波[29]，并伴随任务注意力需求的增加而逐渐降低[30]。Kate 在开发针对游戏用户的脑机接口时，利用 α 节律波能量值来预测当前玩家的参与度水平。当玩家的 α 节律波能量值升高时，其游戏参与度水平降低[31]。虽然实验不是针对玩家注意力、参与度的测量，但是游戏的用户体验往往涉及玩家的专注度、沉浸感及各种积极的参与和好的感觉等，且玩家在体验高用户体验水平的手机游戏时会处于较强的兴奋、活跃、注意力高度集中的状态。而且，本文研究也发现了类似的结果，即不同用户体验水平的手机游戏在提升玩家注意力、精神状态和参与度的能力方面也不同，在脑神经反应上主要体现在 α 节律波能量值的差异上，也就是说用户体验水平较高的手机游戏会使得 α 节律波能量值减小。相关性分析结果表明，手机游戏用户体验主观评价的分指标，即挑战和社交，与 α 节律波能量值显著负相关。游戏挑战与玩家技能相匹配时会使玩家更为专注和愉悦，游戏难度过大则会导致用户焦虑，难度较低又会使玩家无聊[7]；而社交功能能够增强玩家积极情绪、唤醒度和参与度[18]，竞争与合作机制有助于提升用户游戏动机和愉悦性[3]。因而，可推测手机游戏社交与挑战要素将影响玩家专注度、参与度和唤醒度等心理指标，且玩家脑认知加工过程的变化主要表现在 α 节律波能量值上的差异，而要素与 α 节律波能量值间的具体反应机制还需通过进一步实验来证明。

另外，对于 δ 节律波的统计分析显示，在头皮前部顶区和颞区电极位置，手机游戏用户体验主效应显著。高用户体验的手机游戏更易于提升玩家的注意力、情绪效价和唤醒度，反映在脑神经活动上主要表现在 δ 节律波能量值的升高。以往研究表明，δ 节律波通常与人类无意识的状态相关，如忘记过去的创伤和烦恼等[22]。Harmony 等在脑力任务的绩效测量中指出，δ 节律波能够反映用户的注意力，其能量值随着用户注意力的提高而上升[32]。Reuderink 等在研究玩家在游戏中的情绪和唤醒度等心理状态中指出，右枕区的 δ 节律波能量值与用户唤醒度呈显著正相关[33]。依据心流理论，玩家实现最优体验的必要前提是沉浸、专注、时间扭曲等[7]，这也是检验游戏体验好坏的关键。玩家开始游戏后主要经历"参与—专注—完全沉浸"三个阶段，并且呈周期性变化。在这一由浅入深的过程中，玩家自我意识逐渐消失，并忽略了周边环境和日常琐事，而当达到完全沉浸状态时，玩家的注意力、情绪效价和唤醒度达到最高。以上论述说明，本文关于 δ 节律波的研究结论与前人研究相一致，即用户体验水平低的手机游戏引起的 δ 节律波能量值更低。相关性分析发现，主观评价分指标"沉浸"与 δ 节律波能量值显著正相关，沉浸度是反映玩家在游戏世界中时间扭曲和现实分离的状态，产生这种状态的主要原因是玩家注意力高度集中[7]，即手机游戏沉浸要素对于吸引用户注意力有重要作用，反映在脑认知活动中主要表现在 δ 节律波能量值的变化。

对于两种算法，统计结果表明，手机游戏用户体验与 δ/α 和（δ+θ）/（α+θ）能量比显著正相关，分指标社交也具有同样的结果。Schleiger 等指出额区 δ/α 能量比与认知效果显著相关，伴随对信息理解、记忆、表达能力的提升而增加[34]，Franken 等指出节律波相对能量比的大小能够反映人们的注意力集中程度[35]，Ko 等利用 EEG 信号相对能量比建立了一套情感识别系统[36]。根据用户体验理论，游戏体验过程可划分为玩家对游戏的感性、交互和本能三个层次，每一层次的用户体验内容和认知过程不尽相同。上述研究表明，节律波间交互作用能够用于反映用户体验的某些内容或过程，而本文研究与前人发现相类似，是对神经科学在游戏领域的运用做了进一步探索。

研究之初，预想所选脑电指标在两款实验游戏间均存在显著性差异，并与用户体验主观评价显著相关，然而分析结果表明 θ 节律波和 γ 节律波能量值未达到统计上显著水平。θ 节律波与人的幻想、创造力、直觉力、情感和感觉相联系[37]。Bekkedal 等综述了将脑电研究用于情感分类和识别的研究，他们指出 θ 节律波与情感效价有关，积极的情感会诱发相对较弱的 θ 节律波[23]，另外 Kavcic 等研究表明，θ 节律波与记忆正相关[38]。根据上述分析可以判断，游戏会诱发玩家 θ 节律波的上升，可反映玩家情感效价、记忆等认知能力的变化。考虑两款游戏 θ 节律波不显著的原因可能是实验设计时没有设置明确的记忆任务，导致玩家在无任务状态下进行了游戏；同时实验时间设置较短，游戏皇室战争的优势未能在短时间内体现出来，玩家情感效价还未达到预期水平实验就已结束。因此，虽然游戏皇室战争诱发的 θ 节律波能量值高于游戏地铁跑酷，但差异不显著。多数研究人员认为，γ 节律波反映了意识的产生机制，将不同的脑功能模块连接在一起形成整体的感知，对信息在脑干中的接收、传输、加工、综合、反馈等高级功能和人脑的认知活动具有重要作用[16]。主观评价结果和对游戏本身的分析表明，游戏皇室战争是一款任务需求较高、可供选择策略较多、制作精良的手机游戏，而游戏地铁跑酷在剧情和策略等方面的设计比较单一，表现在对游戏信息的接收、综合和加工等方面，因此推测游戏皇室战争需要玩家具备更高的认知和处理能力。考虑实验结果与预期不符的原因可能在于被试的选择上，18 名被试有过游戏地铁跑酷或跑酷类游戏的体验经历，操作比较娴熟；而对于游戏皇室战争，12 名被试只在实验前两天进行了简单练习，且没有同类型游戏的体验经历，因此超过半数被试在进行游戏皇室战争实验时以对战失利告终。推测短期内被试未能熟练掌握游戏操作且对游戏元素和信息的理解还不到位，这可能成为 γ 节律波不显著的原因之一。

5　结束语

研究手机游戏用户体验评价有助于从玩家角度为游戏设计师提供产品改进建议，以便第一时间抓住玩家需求。本文以用户从点击游戏图标到最终退出游戏全过程作为研究对象，从脑认知角度解读玩家进行手机游戏时的用户体验，配合使用主观问卷调查，使评价方法更加具有说服力，也为更好地测量用户体验提供了新的思路。实验发现，手机游戏用户体验与 α 节律波能量值显著负相关，与 δ 节律波能量值、δ/α、$(\delta+\theta)/(\alpha+\theta)$ 能量比显著正相关，与其他节律波能量值之间不存在显著相关性。在手机游戏用户体验的单项指标上，沉浸性与 δ 节律波能量值表现出显著的正相关，挑战性则与 α 节律波能量值表现出显著的负相关，社交性则与 α 节律波能量值表现出显著负相关，与两种能量比 δ/α、$(\delta+\theta)/(\alpha+\theta)$ 表现出显著正相关。研究发现，被试对手机游戏的熟练程度可能会影响其对游戏信息和元素的理解能力，进而影响 γ 节律波，而实验时间长短和任务设置可能会影响被试在游戏中的情感和记忆，进而影响 θ 节律波，这需要通过进一步的脑电实验来验证。

本文研究中存在的主要局限在于，首先，没有考虑玩家性别差异对手机游戏用户体验的影响，女性被试数量较少；其次，实验选择的两款游戏材料属于不同类型，但未能对不同类型手机游戏的用户体验差异做进一步分析；最后，实验选择的调查对象没有包含老年人，而主要集中为在校大学生和刚毕业参加工作的职工，虽然这一人群为手机游戏的主要用户，但随着我国人口老龄化现象凸显，开发适合于老年人的手机游戏将成为游戏产业扩宽业务领域的必然趋势，因此，在对研究成果进行推广时，需要考虑样本的代表性。未来研究可以围绕以下几方面展开。第一，被试选择上要充分考虑女性玩家对于手机游戏的体验特征和偏好，美国神经心理学家米尔列维通过研究发现，男性与女性的大脑皮层结构和活动方式差异较大，女性在视觉、听觉、触觉等感官知觉方面通常比男性敏感，著名数据分析平台 Flurry 在 2015 年 8 月的调查报告中指出，女性玩家的消费次数比男性玩家高 31%，因此有必要深层次地探析女性情感的需求。第二，探寻引起玩家用户认知差异的手机游戏关键特征设计的方法，考虑运用更多的感官系统（心率、眼动、肌电等），分析它们与关键设计特征的关系，从而能够更详细地指导手机游戏设计。第三，手机游戏用户体验包含用户从点击游戏图标开始到最终退出游戏的所有过程，现有研究多是笼统性的概括一段时间的用户体验，但是这种方式时效性较差，难以反映游戏用户的真实感受，未来研究可对手机游戏用户体验按照阶段划分，这将更有利于用户体验的测量和评价。

附录 A 手机游戏用户体验评价指标

维度	描述	参考
反馈	当做出操作时，我能够及时接收到游戏的反馈	
	我能够接收到在游戏中任务成功与否的及时反馈	
	我能够及时接收到在游戏中获得奖励的反馈	
沉浸	游戏具有吸引力	
	我的情感能够随着游戏情节的改变而变化	
	在玩游戏时，我暂时忘记了烦恼	
	在玩游戏时，我感觉不到时间的流逝	
挑战	游戏提供在线帮助（如文本、视频或者音频提示等）来帮助我完成挑战	Sweetser 和 Wyeth[7]
	通过不断完成挑战，我的技术和对游戏的理解逐渐提高	Jennett 等[39]
	我受到了自身技术提高的鼓舞	Fu 等[8]
社交	游戏支持玩家之间的竞争	
	游戏支持玩家之间的合作	
	在游戏过程中我能够与其他玩家进行互动与交流	
	游戏提供的排行榜能够清楚地反映我的游戏水平	
控制	我能够自主控制游戏进程，可随时开始、暂停及保存游戏	
	游戏中我能够自由使用策略	
	通过操控游戏中的角色，我能够实现自己的意图	
	当运行出现故障时，我能够使游戏迅速恢复到故障前的状态	
移动	游戏界面简洁	
	游戏操作简单、易理解	Korhonen 和 Koivisto[9]
	我能够在不同状态下（行走、站立、坐姿等）进行游戏	
	我能够在不同环境下（噪声、照明灯）进行游戏	
	每一局游戏时间适中	

附录 B 电极位置及实验材料

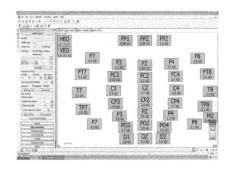

参 考 文 献

[1] 傅小贞，李婷. 基于用户体验的手机游戏评估模型设计[R]. User Friendly 2014 暨 UXPA 中国第十一届用户体验行业年会，2014.

[2] 林心山. 本土手机游戏行业现状与手机游戏设计精品化创新探讨[J]. 武夷学院学报，2016，35（11）：52-56.

[3] Pyae A，Raitoharju R，Luimula M，et al. Serious games and active healthy ageing：a pilot usability testing of existing games[J]. International Journal of Networking and Virtual Organisations，2016，16（1）：103-120.

[4] 郭伏，丁一，张雪峰，等. 事件相关电位 N1 和 N2 用于智能手机用户体验评价的研究[J]. 信息系统学报，2016，（1）：12-26.

[5] Csikszentmihalyi M. Flow：the psychology of optimal experience[J]. Design Issues，1990，8（1）：75-77.

[6] 黄石. 基于用户交互体验的游戏性评估[J]. 北京理工大学学报（社会科学版），2010，12（4）：102-104.

[7] Sweetser P，Wyeth P. GameFlow：a model for evaluating player enjoyment in games[J]. Conference on Computability in Europe，2005，3（3）：3-37.

[8] Fu F L，Su R C，Yu S C. EGameFlow：a scale to measure learners' enjoyment of e-learning games[J]. Computers in Education，2009，52（1）：101-112.

[9] Korhonen H，Koivisto E M I. Playability heuristics for mobile games[R]. Conference on Human-Computer Interaction with Mobile Devices and Services，2006.

[10] Chu K，Wong C Y，Khong C W. Methodologies for evaluating player experience in game play[R]. International Conference on Human-Computer Interaction，2011.

[11] Hazlett R L. Measuring emotional valence during interactive experiences：boys at video game play[R]. Human Factors in Computing Systems，2006.

[12] Sim H，Lee W H，Kim J Y. A study on emotion classification utilizing bio-signal（PPG，GSR，RESP）[R]. Art，Culture，Game，Graphics，Broadcasting and Digital Contents，2015.

[13] Isbister K，Schaffer N. Game Usability：Advice from the Experts for Advancing the Player Experience[M]. Boca Raton：CRC Press，2008.

[14] 刘建成，蔡湛宇. 脑电信号（EEG）分析方法的现状与发展[J]. 中国医学物理学杂志，1998，15（4）：252-255.

[15] 唐艳. 基于时间、频率和空间域的自发脑电信号提取[D]. 长沙：中南大学，2008.

[16] Roux F，Uhlhaas P J. Working memory and neural oscillations：alpha-gamma versus theta-gamma codes for distinct WM information？[J]. Trends in Cognitive Sciences，2014，18（1）：16-25.

[17] Knyazev G G，Slobodskoj-plusnin J Y，Bocharov A V. Event related delta and theta synchronization during explicit and implicit emotion processing [J]. Neuroscience，2009，164（4）：1588-1600.

[18] Johnson D，Wyeth P，Clark M，et al. Cooperative game play with avatars and agents：differences in brain activity and the experience of play[R]. Human Factors in Computing Systems，2015.

[19] McMahan T，Parberry I，Parsons T D. Evaluating electroencephalography engagement indices during video game play[R]. Foundations of Digital Games Conference，2015.

[20] Nacke L E，Stellmach S，Lindley C A. Electroencephalographic assessment of player experience：a pilot study in affective ludology[J]. Simulation & Gaming，2011，42（5）：632-655.

[21] Javaid M M，Yousaf M A，Sheikh Q Z，et al. Real-time EEG-based human emotion recognition[R]. International Conference on Neural Information Processing，2015.

[22] Cacioppo J T，Tassinary L G，Berntson G G. Handbook of Psychophysiology[M]. Cambridge：Cambridge University Press，2000：397-408.

[23] Bekkedal M Y V，Rossi J，Panksepp J. Human brain EEG indices of emotions：delineating responses to affective vocalizations by measuring frontal theta event-related synchronization[J]. Neuroscience and Biobehavioral Reviews，2011，35（9）：1959-1970.

[24] Nunnally J C，Bernstein I H. Psychometric theory[J]. American Educational Research Journal，1994.

[25] Khushaba R N，Wise C，Kodagoda S，et al. Consumer neuroscience：assessing the brain response to marketing stimuli using electroencephalogram（EEG）and eye tracking[J]. Expert Systems with Applications，2013，40（9）：3803-3812.

[26] Bigdely-Shamlo N，Mullen T，Kothe C，et al. The PREP pipeline：standardized preprocessing for large-scale EEG analysis [J]. Frontiers in Neuroinformatics，2015，9（16）：16-17.

[27] 刘巨娟. 基于脑电信号识别的驾驶员-汽车混合控制系统设计[D]. 沈阳：东北大学，2014.

[28] Demiralp T，Bayraktaroglu Z，Lenz D，et al. Gamma amplitudes are coupled to theta phase in human EEG during visual perception[J]. International Journal of Psychophysiology，2007，64（1）：24-30.

[29] Pfurtscheller G，Zalaudek K，Neuper C. Event-related beta synchronization after wrist，finger and thumb movement[J]. Electroencephalography & Clinical Neurophysiology Velectromyography and Motor Control，1998，109（2）：154-160.

[30] Ray W J，Cole H W. EEG alpha activity reflects attentional demands，and beta activity reflects emotional and cognitive processes[J]. Science，1985，228（4700）：750-752.

[31] Ewing K C，Fairclough S H，Gilleade K. Evaluation of an adaptive game that uses EEG measures validated during the design process as inputs to a biocybernetic loop[J]. Frontiers in Human Neuroscience，2016，（10）：223.

[32] Harmony T，Fernández T，Silva J，et al. EEG delta activity：an indicator of attention to internal processing during performance of mental tasks[J]. International Journal of Psychophysiology，1996，24（1）：161-171.

[33] Reuderink B，Muhl C，Poel M. Valence，arousal and dominance in the EEG during game play[J]. International Journal of Autonomous & Adaptive Communications Systems，2013，6（1）：45-62.

[34] Schleiger E，Sheikh N，Rowland T，et al. Frontal EEG delta/alpha ratio and screening for post-stroke cognitive deficits：the power of four electrodes[J]. International Journal of Psychophysiology，2014，94（1）：19-24.

[35] Franken I，Stam C J，Hendriks V M，et al. Electroencephalographic power and coherence analyses suggest altered brain function in abstinent male heroin-dependent patients[J]. Neuropsychobiology，2004，49（2）：105-110.

[36] Ko K E，Yang H C，Sim K B. Emotion recognition using EEG signals with relative power values and Bayesian network[J]. International Journal of Control Automation & Systems，2009，7（5）：865-870.

[37] Aftanas L I，Golocheikine S A. Human anterior and frontal midline theta and lower alpha reflect emotionally positive state and internalized attention：high-resolution EEG investigation of meditation[J]. Neuroscience Letters，2001，310（1）：57-60.

[38] Kavcic V，Zalar B，Giordani B. The relationship between baseline EEG spectra power and memory performance in older African Americans endorsing cognitive concerns in a community setting[J]. International Journal of Psychophysiology，2016，109（1）：116-123.

[39] Jennett C，Cox A L，Cairns P，et al. Measuring and defining the experience of immersion in games[J]. International Journal of Human-Computer Studies，2008，66（9）：641-661.

Research on Evaluation of Mobile Game User Experience Based on Electroencephalogram Technology

JIANG Junyi[1]，GUO Fu[1]，LV Wei[1]，WANG Yao[1]，XIAO Yang[2]

（1. College of Management，Northeastern University，Shenyang 110169，China）

（2. College of Computer，Northeastern University，Shenyang 110169，China）

Abstract In order to realize the effective evaluation of mobile game user experience，the experiment studied the Electroencephalogram（EEG）activity changes of participants caused by two mobile games which represented different user experience level，and used the scale to measure the subjective evaluation. The energy value of the rhythm wave was used to quantify the waveform of each frequency band，and the relationship between the energy value of the rhythm wave and subjective evaluation was analyzed. The results show that the Alpha energy values in the posterior parietal and occipital regions of the scalp，Delta energy values in the anterior parietal and temporal regions can be used to distinguish user experience level of mobile phone game，and EEG technology may be a new method to measure the user experience level of mobile games.

Key words Mobile phone games，User experience，EEG，α，δ

作者简介

姜钧译（1990—），男，东北大学工商管理学院博士研究生，主要研究方向：手机游戏用户体验测量和评价等。E-mail：13998885836@163.com。

郭伏（1964—），女，东北大学工商管理学院教授、博士生导师，主要研究方向：感性工学、用户体验、脑力负荷等。E-mail：fguo@mail.neu.edu.cn。

吕伟（1993—），男，东北大学工商管理学院博士研究生，主要研究方向：用户疲劳、用户脑认知等。E-mail：lvatneu@163.com。

　　王瑶（1991—），男，东北大学工商管理学院硕士研究生，主要研究方向：手机游戏愉悦度测量等。E-mail：1510510@stu.neu.edu.cn。

　　肖扬（1996—），男，东北大学计算机学院本科生。E-mail：215539427@qq.com。

微信公众号内植入广告对用户持续使用公众号影响的研究

张光前，张席婷

（大连理工大学 管理与经济学部，辽宁 大连 116024）

摘 要 本文的目的是研究社会影响、感知趣味、信息质量三类需求和广告担忧对用户公众号满意度与持续使用行为的影响。基于使用满足理论和信息系统的持续使用理论，本文建立微信公众号的持续使用模型。利用 364 份有效数据，发现感知趣味、社会影响对用户满意度有影响，信息质量对用户满意度没有显著影响；男性用户重视社会影响，女性用户重视感知趣味；广告担忧对满意度有影响，对持续使用行为的影响不显著；相对来说，女性用户对植入广告更加敏感。

关键词 微信公众号，持续使用行为，植入广告，结构方程模型

中图分类号 C931.6

1 引言

微信由深圳市腾讯计算机系统有限公司（以下简称腾讯公司）推出，是促进人际沟通与交流的移动免费即时通信软件[1]。微信公众平台（微信公众号）是腾讯公司 2012 年 8 月在微信基础上新增的移动营销板块。腾讯公司 2017 年发布的微信数据报告显示：微信的用户日登录量为 9.02 亿人次，微信公众号的月活跃账号数为 350 万户。个人可以通过微信公众平台与受众互动，扩大自己的知名度；企业和商家可以通过微信公众平台实现精准营销、商品信息发布、品牌推广展示等功能。目前，很多企业通过微信公众号内的软文植入广告[2]，以较为隐蔽的方式，将产品信息于无形中传播给受众。与传统广告形式不同的是，受众也可以在微信公众号中与商家进行互动[3]。一方面，企业可以利用此类低成本和更精准的广告形式推广产品，加强品牌营销；另一方面，企业担心平台上的广告对用户造成困扰，在一定程度上破坏了用户体验而遭到诟病，长此以往，用户对微信公众号的持续使用意愿将降低。因此，微信公众号如何在商业利益和用户体验之间找到平衡点，提高用户接受度，是企业所关心的问题，也是本文力争明确的问题。

本文分析并总结了微信用户使用微信公众号的三大需求，结合使用与满足理论和持续使用意愿理论，系统而全面地阐述这类带有软文植入广告的公众号对于微信用户对持续使用行为的影响，从而为优化用户体验，促进微信公众号的持续运营，提供具有建设性的建议。

通信作者：张席婷，大连理工大学管理与经济学部，硕士研究生，E-mail：zxtprincess@163.com。

2　文献综述

2.1　微信中的软文植入广告

软文广告，是与以重复、强制性记忆的硬广告形成对比的一种新型广告形式，通过迂回、隐蔽的方式传达商品的信息[4]。从最开始纸媒时代的软文广告，到互联网时代的软文植入广告，体现了广告依托媒体发展的自身革新[5]，逐步形成了这种广告信息与网络环境无缝融合旨在传递一种理念的新型广告形式[6]。在中国社交媒体的发展过程中，目前最为流行的莫过于微信，微信及公众号也因此成为广告植入的载体被用作品牌宣传。

本文讨论的微信公众号内的软文植入广告就是这样一种依托微信发展的新型广告形式。微信中的软文广告相对于单纯宣传产品信息的传统广告更加具有故事性、趣味性。这类广告正潜移默化地向用户传达一种理念，通过有趣的故事慢慢影响用户，引起用户共鸣，从而达到宣传的目的。

2.2　使用与满足理论

使用与满足理论为解释人们使用媒体的原因提供了理论框架，是传播学领域最有影响的理论之一。1974 年美国著名的传播学家卡兹[7]提出，从受众角度出发，通过分析受众的媒介接触动机及这些接触满足了他们什么需求来考察大众传播给受众带来的心理和行为上的效用。该理论一经提出就在大众传播效果研究领域引起了关注。Elliott 和 Rosenberg[8]利用该理论研究人们阅读报纸的动机。在美国，Rubin[9]利用该理论研究受众的行为、态度与电视节目的偏好关系。Dimmick 等[10]利用该理论研究发现，用户使用家用电话能满足他们的社交、确认、工具等需求。随着信息系统的广泛应用，学者们将使用与满足理论应用到信息系统领域。例如，Stafford 等[11]将该理论应用到网络，讨论网络的使用给用户带来的满意度的影响因素的实证研究。Xu 等[12]认为，效用和享乐需求可以预测用户的网络使用满意度。Ku 等[13]研究发现，人们使用网络沟通的动机来自信息需求、便捷需求、社交需求及娱乐需求。随着网络的发展，社交网站开始出现，学者们便将该理论用于研究社交领域。Coursaris 等[14]利用该理论研究社交网站和 Facebook 与 Twitter 国外两大主流的社交媒体，研究用户在使用社交网站前和使用社交网站后需求的差别。

随着微信的兴起，也有一些学者通过使用满足模型研究微信用户使用意愿的心理需求因素。比如，刘静楠[15]从使用与满足理论的角度出发，采取问卷调查的方式对微信用户的使用需求进行了系统的调查和分析。殷洪艳[16]基于使用与满足理论，调查了微信用户使用微信的基本需求及在满足用户需求方面存在的问题。

作为一种新型移动媒体工具，微信公众号给微信带来了更好的便捷性及用户黏性。由于其发展时间较短，对于微信公众号的持续使用的研究还处于初始阶段，本文根据微信和微信公众号的属性定位及历史参考文献，总结出用户使用微信公众号的三大需求动机：感知趣味、社会影响和信息质量（表 1）。

表 1　需求构念文献来源

需求构念	文献来源
感知趣味	Elliott 和 Rosenberg[8]；Luo[17]
社会影响	Coursaris 等[14]；Dimmick 等[10]；Chang 和 Zhu[18]
信息质量	Ku 等[13]，Dimmick 等[10]；Chang 和 Zhu[18]

因此，本文也将采用使用与满足理论研究微信用户对公众号的使用动机，从而进一步阐述微信用户持续使用公众号行为的影响因素。

2.3 感知风险与广告担忧

新型的广告形式给用户带来了一系列的不确定性，这种不确定性是感知风险。哈佛大学 Bauer[19] 首次将感知风险的概念引入营销领域，他认为对于任何购买行为，消费者都无法事先知道他们预期的结果是否正确，而某些结果可能令消费者不愉快。此后，研究人员开始对感知风险进行深入探讨，学者们关心的主题包括感知风险的本质、感知风险的维度、感知风险与行为意向的关系、个体差异对感知风险的影响及感知风险的测量。计算机和互联网的发展为感知风险研究提供了新的环境。学者们开始转向研究互联网环境下用户感知风险的各种问题。Hanafizadeh 和 Khedmatgozar[20] 研究了感知风险的 6 个维度（时间风险、经济风险、绩效风险、社会风险、隐私风险、安全风险）对意识与用户使用网络银行意愿之间关系的中介作用。Pavlou[21] 对电子商务接受行为的研究表明，感知风险直接对用户使用电子商务意愿产生影响，同时感知风险对信任和意愿间的关系起着中介作用。

本文将感知风险定义为用户在使用公众号时，植入式广告给用户所带来的不确定性。该不确定性包含三个层面：①软文植入广告耽误了用户阅读公众号时间，用户产生时间担忧；②用户对软文植入广告中的购买链接有财务担忧，担心点击进去是钓鱼网站，从而给自己带来财产损失；③用户对软文植入广告中所附有的二维码有隐私担忧，担心点击扫码后，自己的身份信息被泄露。这三个方面广告担忧对微信公众号的满意度和持续使用行为有一定影响。

2.4 信息系统持续使用意愿相关研究

在 20 世纪 90 年代，国内外众多学者在信息系统的采纳方面做了大量的理论和实证研究。相关经典理论或者模型主要有：理性行为理论、计划行为理论、技术接受模型（technology acceptance model，TAM）、创新扩散理论和期望确认理论（theory of expectation-confirmation，ECT）等，这些理论或模型主要被用来解释信念因素和外部变量如何影响人们的心理行为，并预测人们对信息系统的持续使用行为。

信息系统的使用行为可以分为采纳前行为和采纳后行为。Venkatesh 和 Davis[22] 研究用户在三个不同时间点的使用信息系统行为，他们发现技术接受模型（适用于首次采纳模型）的解释力随着时间的增加而被削弱。他们的研究结果表明：信息系统采纳和使用的决定因素是随着时间的变化而变化的。因此，信息系统的采纳行为研究重点转向持续使用行为研究。

信息系统持续使用的研究涉及多种信息系统，包括门户网站、网上银行、知识管理系统等。Bhattacherjee[23] 是最早突破信息技术采纳理论框架对用户持续使用进行研究的学者，从消费者行为的角度出发，基于期望确认理论和技术接受模型构建了信息系统持续使用模型，并通过以网络银行用户为研究对象对模型进行了实证研究，从而做出了开创性的理论贡献。

根据对文献的梳理，本文整理出信息系统持续使用的研究对象及主要结论。表 2 是信息系统持续使用的主要研究对象统计表。

表 2　信息系统持续使用的主要研究对象统计表

各类网站	网上服务	其他
政府网站	网上银行	在线学习系统
社交网站	移动搜索	政府内部办公系统
众包社区	SaaS①外包服务	移动出版系统
	企业内部博客	自助服务技术
	微博	
	云计算服务	

① Software as a Service，软件即服务。

这些研究表明，对信息系统持续使用研究的意义在于更好地服务用户，利用用户对信息系统的持续使用动机，对信息系统进行改进和更新迭代。

腾讯公司发布微信公众号的初衷是利用微信公众号实现微信的社会化营销功能。引导微信用户关注公众号，微信公众号的运营成为维护用户黏性的根本目的。对于公众号平台来说，在运营前期，吸引用户对微信公众号的关注固然重要，但是要实现平台运营的可持续发展，用户对微信公众号的持续使用才是关键。

3 理论模型与研究假设

3.1 理论模型

本文根据微信和微信公众号的特点，并参考持续使用行为的相关研究，构建了如图1所示的微信公众号的持续使用模型。提取出用户使用微信公众号的三大需求（感知趣味、社会影响、信息质量），分析三大需求的满足如何影响满意度，进而影响持续使用行为，同时考虑到企业植入软文广告后，用户产生的广告担忧会影响满意度和持续使用行为。

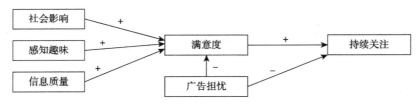

图1 用户对微信公众号的持续使用模型

3.2 研究假设

3.2.1 信息质量

微信公众号是承载和传播信息的公众平台。用户关注微信公众号主要是为了获取优质的内容信息，增长知识和见闻。郭爱芳等[24]基于信息特性的角度，指出微信公众号的信息质量体现在信息完整性、信息准确性及主题契合性等三个方面。信息完整性指用户通过运营者推送信息而获悉相关内容的完整程度。Bailey和Pearson[25]研究指出，微信公众号逐渐成为用户获取信息的来源，提供完整且有层次的信息是用户所期待的，能够切实提高用户的平台使用满意度。信息准确性指的是微信公众号提供信息的真实程度。Albuquerque等[26]强调信息平台提供信息的准确度越高，用户对该平台的满意度越高。Garbarino和Johnson[27]认为信息的主题契合性是影响用户满意度的关键。微信公众号是信息传播的媒介，用户关注公众号的初衷就是获取与自身价值观和心理需求相符的信息，平台只有进行准确定位，精准提供用户所需信息，才能提高微信用户对公众号的满意度，继而持续使用公众号。

因此，本文提出如下假设。

H1：微信公众号的信息质量正向影响微信用户对微信公众号的满意度。

3.2.2 社会影响

Luo[17]给出了社会影响的定义，即在社会环境下，用户有与人沟通联系的需求和欲望，形成社交需求，因此用户容易受到社交圈朋友的行为影响，从而给用户带来行为改变。在微信公众号的使用过程中，微信用户可以将自己喜欢的公众号分享给自己的好友，微信用户可能会因为自己的亲朋好友关注该公众号而提高使用该公众号的满意度。Blattberg 和 Deighton[28]、Stromer-Galley[29]通过研究社交网络服务（social networking services，SNS）得出社会影响会正向影响用户使用 SNS 的满意度的结论。由于微信公众号是微信这款社交媒体的新增模块，传承了微信的社交属性，用户可以通过公众号信息和朋友互动，在社交属性层面上，与 SNS 有一定的相似性。

因此，本文提出如下假设。

H2：微信公众号的社会影响正向影响微信用户对微信公众号的满意度。

3.2.3 感知趣味

Sledgianowski 和 Kulviwat[30]通过研究 SNS 用户的使用行为，认为应该加入感知娱乐作为影响用户满意度的因素。林红焱和周星[31]从感知视角得出，愉悦性的信息使得用户对 SNS 满意度增加。Chung 和 Austria[32]研究发现，使用社交媒体给用户带来的娱乐感会提高用户对该媒体的满意度。微信最早被腾讯公司推出时，被定位为享乐型信息系统，用户使用微信是因为能够与朋友互动，使用微信公众号是因为可以通过阅读有趣的文章，分享有意思的视频等进行休闲娱乐。因此，本文引入感知趣味作为影响满意度和行为意向的变量。

因此，本文提出如下假设。

H3：微信用户对微信公众号的感知趣味正向影响满意度。

3.2.4 广告担忧

感知风险已经被国内外学者用来研究用户网上购物的情境中，朱丽娜[33]在其对网络购物的研究中，将感知风险作为影响因素引入到其研究模型中。运营者在文章中植入软文广告是为了吸引微信用户在网上购买产品。根据感知风险理论，用户所感知到的风险主要是决策结果的不确定性和错误决策后果的严重性。在消费者购物调查的实证研究中，Pavlou[21]认为感知风险越高，顾客购物的意愿就会越低，感知风险会激发客户产生喜欢或讨厌的感觉，从而影响他们的信念、态度和意愿。

用户在使用微信公众号浏览软文植入广告时会感知到隐私、财务和时间等风险。微信用户对软文植入广告所产生的感知风险越大，对该类广告的信任度就会越低，接受该类广告的意愿就越小。

因此，本文提出如下假设。

H4：用户产生的广告担忧与用户满意度间呈负向相关关系。

3.2.5 满意度

满意度已被学者普遍定义为当消费者对某种产品的期望接近其产品给消费者带来的实际效用时而产生的主观愉悦感受。Kim 和 Choi[34]发现人们使用在线学习系统的满意度对用户的持续使用行为有积极的影响。Kim 等[35]研究发现，人们对 SNS 的满意度提高会使得用户继续使用 SNS。Chan 等[36]在对 Facebook、Blogs、Twitter 等社交媒体的研究中得出，用户对媒体的使用满意度会影响他们是否继续使用该媒体。

因此，本文提出如下假设。

H5：微信用户对微信公众号的满意度正向影响其持续使用微信公众号的行为。

H6：微信公众号的广告担忧负向影响微信用户持续使用公众号。

4　量表开发与数据分析

4.1　量表开发

为确保测量工具的信效度，本文借鉴国内外文献中的成熟量表，并且通过表3，将本文建立的模型变量的文献来源进行呈现，并在微信公众号的情境中进行适当修改和细化，以便于理解。

表3　各变量的定义和来源

变量	定义	参考文献
持续使用行为	用户有过关注微信公众号的经验后，继续关注微信公众号的行为	由 Mathieson[37]提炼
满意度	用户对于使用微信公众号后的经验感受与之前的期望进行比较而形成的一种整体的心理认知评价	由 Spreng 和 Olshavsky[38]提炼
信息质量	用户对公众号文章质量的主观评价	由 Chang 和 Zhu[18]提炼
感知趣味	用户阅读公众号文章时产生的趣味性感受	由 Chan 等[36]提炼
广告担忧	用户对公众号内软文植入广告给自己带来不确定性的主观感受	由 Peter 和 Tarpey[39]提炼
社会影响	用户对公众号给自己带来社会认可和维持朋友关系的主观感受	由 Li 等[40]提炼

问卷包括两部分的主题内容：第一部分为微信公众平台用户人口统计特征表（如性别、年龄、教育、用户的微信公众号使用情况等），这部分问卷的目的是方便对微信公众号使用群体有一个整体的认识；第二部分是关于微信软文广告的题项，采用利克特5分量表，范围从1到5表示"非常不同意"到"非常同意"。

4.2　数据分析

4.2.1　样本结构

本文采用问卷调查的方式进行数据收集，利用国内专业的问卷调查平台——问卷星平台，进行问卷设计。以微信红包及办公用品作为奖励，在朋友圈和微信群转发，剔除无效问卷后，获得354份有效问卷。表4显示具体样本描述统计。

表4　样本描述统计

项目		数量/个	占比	项目		数量/个	占比
性别	男	146	41.2%	关注公众号类型	新闻资讯类	233	65.8%
	女	208	58.8%		生活服务类	175	49.4%
年龄	18岁以下	6	1.7%		教育学习类	241	68.1%
	18~25岁	263	74.3%		娱乐休闲类	182	51.4%
	26~32岁	69	19.5%		评论观点类	132	37.3%
	33~40岁	12	3.4%		品牌宣传类	65	18.4%
	40岁以上	4	1.1%		其他	38	10.7%
教育	初中及以下	4	1.1%	关注公众号数量	10个以下	81	22.9%
	高中（中专）	12	3.4%		10~20个（不含20）	136	38.4%
	大专	12	3.4%		20~30个（不含30）	63	17.8%
	本科	154	43.5%		30个以上	74	20.9%
	研究生及以上	172	48.6%				
使用频率	每天至多1次	103	29.1%				
	每天2~3次	141	39.8%				
	每天4~5次	38	10.7%				
	每天5次以上	72	20.3%				

注：小计比例之和可能不等于100%，是因为有些数据进行过舍入修约

就用户而言，微信用户以青年用户群体为主，90%以上的用户年龄在 18~32 岁，所以本研究样本的年龄结构具有代表性。在学历的调查中，样本以学生和上班族为主，其中本科和研究生及以上学历占有很高的比例，达到 92.09%，这与中国互联网发展报告的职业群体结构很吻合，所以本研究的职业群体结构也具有代表性。

4.2.2 共同方法偏差分析和问卷信效度分析

由于本文是基于"自我报告"获得的数据，需要对数据进行共同方法偏差分析。本文采用 Harman 单因素检验，由 Podsakoff 等[41]的研究可知，当第一个因子的方差贡献率不超过 40% 时，通常认为共同方法偏差不严重。本文抽取出来的第一个因子的方差贡献率为 18%，小于 40%，因此证明本研究获得数据的共同方法偏差不严重。

本文采用信息系统领域学者[42,43]常用的 SPSS 18.0 和 SmartPLS 软件对量表进行信效度和路径分析。数据分析结果如表 5 和表 6 所示。各变量测量指标的因子载荷结果均大于 0.5，表明量表具有良好的结构效度。各变量平均提取方差值（average variance extracted，AVE）的平方根均大于该变量与其他变量的相关系数，表明量表的区分效度良好。各变量的克隆巴赫系数 α 和组合信度（composite reliability，CR）值大于 0.7，表明量表具有良好的信度。除了感知趣味的 α 值没有大于 0.7，其余变量的 α 值均大于或等于 0.7，说明量表具有较好的信度。各变量的 AVE 大于 0.6，表明量表的收敛效度良好，除感知趣味的 AVE 小于 0.6 外，其余均大于 0.6，可以表明量表的收敛效度良好。

表 5　因子载荷表和题项来源

构念	题项	因子载荷	题项来源
感知趣味	EB1：我觉得该微信公众号能够提供有趣、好玩的话题和内容	0.794	Podsakoff 等[41]
	EB2：我认为该微信公众号能够为我的学习、工作、生活带来乐趣	0.807	
	EB3：我觉得该微信公众号有助于消磨闲暇时光	0.776	
信息质量	CQ1：我认为该微信公众号提供的信息内容丰富、全面	0.805	Chang 和 Zhu[18]
	CQ2：我认为该微信公众号总能为我提供所需的信息	0.864	
	CQ3：我觉得该微信公众号能帮助我轻松找到所需要的信息	0.862	
社会影响	SF1：如果好友向我推荐某条公众号广告，我会尝试着去了解	0.881	Chang 和 Zhu[18]
	SF2：我觉得微信软文植入广告的点赞、评论功能使我能够很好地与他人进行交流互动	0.892	
	SF3：朋友或亲人对微信植入广告的看法（喜欢或者抱怨）会影响我的选择	0.867	
广告担忧	ER1：我担心使用该微信公众平台发布的植入广告会使我的身份信息、位置信息、消费信息等被泄露	0.870	Peter 和 Tarpey[39]
	ER2：我认为浏览该微信公众平台发布的软文植入广告浪费我的时间	0.886	
	ER3：我担心该微信公众号中软文植入广告可能会存在不合理收费或欺诈性收费	0.861	
满意度	SD1：我在使用该微信公众号过程中感到满意	0.909	Spreng 和 Olshavsky[38]
	SD2：我在使用该微信公众号过程中感到愉快	0.940	
	SD3：对我来说，使用该微信公众号是一个明智的选择	0.925	
持续使用行为	CW1：以后我会经常使用该微信公众号	0.911	Mathieson[37]
	CW2：如果有机会，我会推荐该微信公众号给其他人使用	0.911	
	CW3：总的来说，我有意愿一直使用该微信公众号	0.886	

注：EB=感知趣味；CQ=信息质量；SF=社会影响；ER=广告担忧；SD=满意度；CW=持续使用行为

表6 各维度因子的信度、区分效度和收敛效度分析

构念	感知趣味	社会影响	信息质量	广告担忧	满意度	持续使用行为
感知趣味	**0.766**					
社会影响	0.545	**0.788**				
信息质量	0.478	0.475	**0.798**			
广告担忧	0.275	0.284	0.004	**0.872**		
满意度	0.543	0.547	0.422	0.005	**0.888**	
持续使用行为	0.500	0.577	0.424	−0.047	0.751	**0.903**
AVE	0.587	0.622	0.637	0.760	0.855	0.816
CR	0.810	0.830	0.874	0.905	0.945	0.930
α	0.660	0.700	0.813	0.843	0.915	0.887

注：表中加黑数据表示 AVE 的平方根，当 AVE 的平方根大于该变量与其他变量之间的相关系数时，表明该测量模型具有良好的区分性

4.2.3 模型检验

根据 Hair 等[44]研究给出的优良数据和模型匹配度的指标标准，由表7可以看出，除了 GFI 值略小于 0.9 外，其他指标均在标准以上，考虑到本研究模型比较复杂，参照 Yuan 和 Bentler[45]可知，GFI 略小于 0.9 也可以接受。因此，研究模型整体拟合度良好。

表7 模型适配度指标

指标	CMIN/DF	GFI	CFI	RMR	RMSEA
数值	2.489	0.859	0.916	0.013	0.079
标准	<3	>0.9	>0.9	<0.08	<0.08

注：CMIN/DF，即 CMIN/degree of freedom（卡方值/自由度）；GFI，即 goodness of fit index（绝对拟合指数）；CFI，即 comparative fit index（比较拟合指数）；RMR，即 root mean square residual（残差均方根）；RSMEA，即 root mean square error of approximation（近似误差的均方根）

4.2.4 路径分析

本文使用偏最小二乘法进行结构方程模型分析来检验假设。表8显示了结构方程模型的数据结果，包含路径系数和 t 值。结果表明本文假设中除了 H1 和 H6 外，其他的假设均得到不同程度的支持。

表8 结构方程模型的数据结果

假设	路径	路径系数	t 值	验证结果
H1	信息质量—满意度	0.083	1.758	不成立
H2	社会影响—满意度	0.349	4.540	成立
H3	感知趣味—满意度	0.379	3.274	成立
H4	广告担忧—满意度	−0.196	19.224	成立
H5	满意度—持续使用行为	0.751	7.108	成立
H6	广告担忧—持续使用行为	−0.061	1.533	不成立

由表8得知，用户的信息质量需求对微信公众号的满意度影响不大。这与 Albuquerque 等在研究用户生成内容网站时得到的结果不同[26]，他们认为信息质量能提高用户满意度。具体解释是因为用户使用内容网站的动机在于网站给其带来的消费决策参考，所以网站的信息质量对用户来说比较重要。而微信

公众号的注册门槛低，信息发布渠道广泛，官方认证程序较少，真正想寻求有质量信息的用户并不会将公众号平台作为寻求高质量信息的主要来源，因此本文所得结论与其他生成内容网站不同。此外，微信用户更加重视公众号文章带来的感知趣味。如果文章趣味性较强，即使存在植入广告，用户的阅读体验受到的负面影响也较小。在广告担忧的影响因素中，最能使用户产生广告担忧的是财务担忧，而时间和隐私方面的影响程度较小。

由于微信公众号具备社交属性，本文将样本按照性别分为两类子样本，以期探讨男性和女性在微信公众号上体现出的思维方式及情感诉求的差异，为运营者提供针对性的建议，以提升其运营效率。计算结果见表9。

表9　结构方程模型的数据结果（男 $N = 146$，女 $N = 208$）

路径	路径系数	
	男性	女性
信息质量—满意度	0.181	0.043
社会影响—满意度	0.417	0.335
感知趣味—满意度	0.206	0.653
广告担忧—满意度	−0.108	−0.224
广告担忧—持续使用行为	−0.153	−0.008
满意度—持续使用行为	0.799	0.710

从表9、图2和图3中可以看到，男性用户更看重微信公众号给他们带来的更多的社交需求满足，这个观点和研究网络虚拟世界的 Zhou 等[46]相反，在社交属性这一研究层面上，他们的研究认为男性对娱乐的需求强于社交需求。本文认为主要原因是本文调查的样本年龄结构是 18~25 岁居多，而 Zhou 等的研究对象主要集中在 35 岁以上的群体，结论也是这部分群体的研究结论，因此可以看出，不同年龄段的男性对社交媒体的需求和关注点不同，年轻的男性由于心智不成熟，容易跟随社会的主流观点，渴望了解社会，被社会认同，重视社会影响的需求被满足；而年龄较大的男性由于心智比较成熟，更重视自己的内心愉悦感，感知娱乐需求被满足能给他们带来较大的满足感。

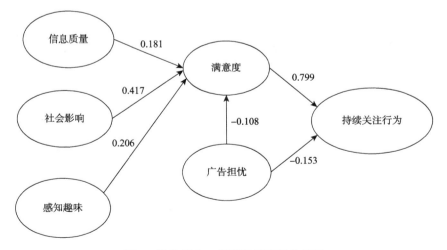

图2　男性样本：模型变量路径分析图

女性对微信公众号的满意度更多地来自公众号给她们带来的感知趣味。女性的思维偏感性，更在乎公众号给她们带来的短暂的娱乐趣味性。在被调查的微信用户中，用户产生的广告担忧负向影响其使用微信公众号的满意度，并且广告对女性的负向影响程度更大。

　　性别不同而带来用户对微信的使用需求不同，可能是源于男性和女性的思维方式不同：男性是工作结果导向，女性是过程导向[47]；男性更加渴望被社会认同，女性更加重视丰富情感过程。当遇到这类的广告时，女性会因为情感上感知风险而产生更强烈的担忧情绪。

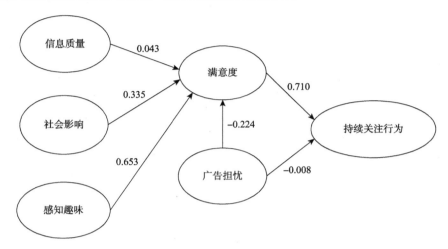

图 3　女性样本：模型变量路径分析图

5　研究结论与未来展望

5.1　研究结论

　　本文分析了微信用户关注微信公众号的三个主要动机（感知趣味、信息质量、社会影响），以及微信公众号内软文植入广告带给用户的担忧及其对微信公众号满意度的影响，建立了基于用户体验的微信公众号持续使用行为的模型，并且利用性别作为调节变量，分析男性和女性对微信公众号的满意度与持续使用的差异，得到如下主要结论。

　　（1）用户微信公众号的需求满足对满意度的影响。首先阐明了微信公众号能够满足微信用户三类需求，分别是感知趣味、信息质量、社会影响。根据使用满足理论，若微信公众号能够满足用户的使用期待，用户便会提高微信公众号使用满意度，用户满意度提高进而会更容易促使用户持续使用微信公众号。根据本文的结果可知，感知趣味和社会影响正向影响消费者对微信公众号的使用满意度，然而信息质量不能很显著地说明其对微信公众号的使用满意度的正向影响。可见微信用户更多地将微信公众号定位为娱乐社交媒体，而不是信息获取媒介，因此他们更注重感知趣味和社会影响给他们带来的满足。这两类需求的满足可以大大提升用户的微信公众号使用满意度，而微信用户了解到微信公众号无注册成本且使用门槛低，监管力度相对来说比较薄弱，因此用户对微信公众号信息来源的严谨性和权威性等方面要求不高，用户的信息质量需求对满意度的正向影响不显著。男性微信用户较为注重社交需求；女性微信用户更重视娱乐需求。性别不同而带来用户对微信的使用需求不同，可能是源于男性和女性的思维方式不同：男性是工作结果导向，女性是过程导向；男性更加渴望被社会认同，女性更加重视丰富情感过程。

　　（2）用户广告担忧对微信公众号满意度和对持续使用行为的影响。广告担忧负向影响用户对微信公众号的满意度，意味着用户对微信公众号的植入广告有一定的抵触情绪，认为微信公众号的植入广告耽误用户阅读微信公众号文章的时间，对其中的链接风险性也持有一定的谨慎态度。广告担忧并不显著影响用户的持续使用行为，可能的原因是微信公众号满足了用户的需求而被关注，用户也就能在一定程度上容忍或选择性忽略带有干扰性的植入性广告。男性和女性用户对微信公众号植入广告的容忍度也不一样，女性用户对植入广告更加敏感，这也是由女性的感情细腻导致的。

（3）满意度对微信公众号持续使用行为的影响。满意度可以非常显著地正向影响持续使用行为，这与之前研究信息系统的学者的结论是统一的。同时这也说明微信公众号运营者若想微信用户持续使用公众号，满意度是微信公众号运营者应该首要关注的因素。本文设计的调查问卷具有良好的信度和效度，而且整个研究模型对微信公众号持续使用行为的解释度为56.7%。因此，本文的数据分析得到的研究结果科学、有效，通过研究微信公众号细分领域（植入广告），开拓了微信公众号研究领域的研究范围，有着关键的理论意义；同时对于微信公众号平台运营者来说，本文对他们的公众号运营策略有着重要的实践意义。

5.2　管理启示

本文根据研究结论，对微信公众号运营提出如下建议。

（1）加强微信公众号中推文的趣味性和社会影响。感知趣味和社会影响是影响用户满意度与持续使用行为的关键因素，因此，微信公众号运营者推送的文章尽量以轻松或娱乐性话题切入，以丰富的图文与视频、音频相结合的形式迎合用户的情感需求，有效地加强用户的阅读趣味体验，提升用户满意度。同时，加强与粉丝间的互动，鼓励转发、评论等行为。还可以从线上互动延续到线下互动，促进用户与平台、用户与用户之间的交流，增加社会影响。

（2）软文广告应注重理念的宣传，而不是简单的产品推介。软文广告是随着网络和微信等新信息载体的发展而出现的一种产品宣传方式。虽然在目的上和传统广告并无本质区别，但也呈现出一定的自身特点：微信公众号通常是一个长时间起作用的沟通平台，时间和金钱的硬性约束较小。因此，软文广告应该更注重公司理念、产品理念等方面的宣传，从而起到"润物细无声"的效果，培养用户忠诚度。当用户在有需求并购买相应产品时也就水到渠成了。同时，减少对产品的直接宣传及购物链接，以缓解用户对广告的抵触情绪，降低感知风险，并在公众号中对购物方面的资金及隐私方面开启网络安全检查，降低用户在财务方面的担忧。

（3）分析用户偏好，持续优化推送内容及方式。文中对用户按性别进行分类，发现男性和女性在需求和广告担忧方面存在差异，这意味着存在多种类型的用户或需求。为了满足这些不同的需求，需要对公众号的内容做个性化的呈现。通过分析用户点击或阅读的文章类型及花费的时间等数据，确定用户的兴趣和爱好，有针对性地呈现用户感兴趣的内容，至少可以把呈现的文章顺序加以改变，从而改善微信公众号带给用户的社交体验，增加公众号的黏性，也为商家了解用户偏好、改进产品和服务提供参考与帮助。

5.3　未来展望

本文研究了用户对微信公众号满意度的影响因素，得出了一些研究成果，但也存在一些局限。

（1）本文调查样本大多都是在校大学生，样本覆盖面不够广。后期应该扩充不同类型的样本，使数据更丰富、结论更可靠，为运营者提供更多的管理启示。

（2）本文仅将性别作为调节变量分析用户的持续使用行为，考虑到微信的社交媒体属性，以及随着微信使用场景的增加，如微信已逐渐成为工作交流的一种手段，可以把各种应用场景作为调节变量展开相关研究。

　　这些局限也是进一步研究所需拓展之处。

6　结束语

　　首先，本文探索了带有植入广告的微信公众号研究的全新领域。学术界对微信公众号的关注大多聚焦于其不断推陈出新的功能及网络营销，因此目前对微信公众号的研究也只是从新闻传播学和市场营销学两个学科角度进行的定性研究，而且大多数是比较浅显、较为凌乱的现象级研究，鲜有将这个问题从系统工程的思维角度出发形成较为规范的学术著作。从信息系统的持续使用的角度对微信用户使用微信公众号的行为进行定量研究的文献非常有限。本文正是从信息系统的视角将微信公众号作为研究目标，聚焦用户需求和感知体验，使用定性和定量相结合的方法，阐明解决的问题，并且本文中的微信公众号（植入广告类公众号）的持续使用行为的问卷设计是以往研究历史中所没有的，从量表开发这个角度而言，这是一项创新研究，本文正好在这方面进行探索性尝试。

　　其次，感知风险一直是网络购物领域考虑的因素，但是微信公众号内的植入广告也会带有购买链接等提示，给微信用户带来一系列的不确定性。本文首次将广告担忧（感知风险）引入微信公众号的研究领域，将感知风险与用户需求作为影响用户对微信公众号持续使用的满意度同一层级的对比因素。

　　最后，本文扩展了使用满足理论。使用满足理论只考虑了用户需求的正向影响，在本文中，广告担忧作为负向影响变量对用户使用决策也起着关键的作用。同时，本文增加性别作为调节变量，分析其对整个模型的影响，探究了性别差异是否会影响用户持续使用公众号需求差异，以及是否会影响广告担忧程度的差异，从而得出性别差异是否会影响用户对公众号使用满意度差异的结论。

　　因此本文以前人经典的理论作为研究基石，丰富了现有理论，因此可以认为本文具有充分的理论意义及一定的创新意义。

参 考 文 献

[1] 肖红. 微信公众号用户持续使用意愿的影响因素研究[D]. 重庆：西南大学，2016.

[2] 吴文汐，周婷. 基于 UTAUT 模型的微信朋友圈原生广告接受度实证研究[J]. 广告大观（理论版），2016，（5）：41-49.

[3] 施雨，张景宇. 从软广告发展浅谈原生广告传播内容的创意[J]. 今传媒（学术版），2016，24（4）：85-87.

[4] 商倩. 微信公众平台软文广告情感诉求类别分析[J]. 戏剧之家，2016，（10）：246，247.

[5] 金定海，吴冰冰，顾海伦，等. 中国新广告评选[J]. 中国广告，2016，（5）：154-159.

[6] 喻国明. 镶嵌、创意、内容：移动互联广告的三个关键词——以原生广告的操作路线为例[J]. 新闻与写作，2014，（3）：48-52.

[7] Katz E，Blumler J G，Gurevitch M. Utilization of mass communication by the individual[C]//Blumler J G，Katz E. The Uses of Mass Communications：Current Perspectives on Gratifications Research. Beverly Hills：Sage Publications，1974：19-32.

[8] Elliott W R，Rosenberg W L. A uses and gratifications study[J]. Journalism & Mass Communication Quarterly，1985，64（4）：679-687.

[9] Rubin A M. Television uses and gratifications：the interactions of viewing patterns and motivations[J]. Journal of Broadcasting & Electronic Media，1983，27（1）：37-51.

[10] Dimmick J，Kline S，Stafford L. The gratification niches of personal E-mail and the telephone：competition，displacement，and complementarity[J]. Communication Research，2000，27（2）：227-248.

[11] Stafford T F，Stafford M R，Schkade L L. Determining uses and gratifications for the Internet[J]. Decision Sciences，2004，35（2）：259-288.

[12] Xu C Y，Ryan S，Prybutok V，et al. It is not for fun：an examination of social network site usage[J]. Information & Management，2012，49（5）：210-217.

[13] Ku Y-C，Chu T-H，Tseng C H. Gratifications for using CMC technologies：a comparison among SNS，IM，and E-mail[J].

Computers in Human Behavior，2013，29（1）：226-234.

[14] Coursaris C K，Sung J，van Osch W，et al. Disentangling Twitter's adoption and use discontinuance：a theoretical and empirical amalgamation of uses and gratifications and diffusion of innovations[J]. AIS Transactions on Human-Computer Interaction，2013，5（1）：57.

[15] 刘静楠. 微信用户"使用与满足"研究[D]. 西安：西北大学，2013.

[16] 殷洪艳. 微信用户的"使用与满足"研究[D]. 郑州：郑州大学，2013.

[17] Luo X. Uses and gratifications theory and e-consumer behaviors：a structural equation modeling study[J]. Journal of Interactive Advertising，2002，2（2）：34-41.

[18] Chang Y P，Zhu D H. Understanding social networking sites adoption in China：a comparison of pre-adoption and post-adoption[J]. Computers in Human Behavior，2011，27（5）：1840-1848.

[19] Bauer R A. Consumer behavior as risk-taking，dynamic marketing for a changing world[C]. Hancock：Proceedings of the 43rd Conference of the American Marketing Association，1960：396-398.

[20] Hanafizadeh P，Khedmatgozar H R. The mediating role of the dimensions of the perceived risk in the effect of customers' awareness on the adoption of Internet banking in Iran[J]. Electronic Commerce Research，2012，12（2）：151-175.

[21] Pavlou P A. Consumer acceptance of electronic commerce：integrating trust and risk with the technology acceptance model[J]. International Journal of Electronic Commerce，2003，7（3）：101-134.

[22] Venkatesh V，Davis F D. A theoretical extension of the technology acceptance model：four longitudinal field studies[J]. Management Science，2000，46（2）：186-204.

[23] Bhattacherjee A. Understanding information systems continuance：an expectation-confirmation model[J]. MIS Quarterly，2001，25（3）：351-370.

[24] 郭爱芳，章丹，李小芳，等. 微信公众号持续关注度影响因素的实证分析：基于信息特性视角[J]. 情报杂志，2017，36（1）：127-131.

[25] Bailey J E，Pearson S W. Development of a tool for measuring and analyzing computer user satisfaction[J]. Management Science，1983，29（5）：530-545.

[26] Albuquerque P，Pavlidis P，Chatow U，et al. Evaluating promotional activities in an online two-sided market of user-generated content[J]. Marketing Science，2012，31（3）：406-432.

[27] Garbarino E，Johnson M S. The different roles of satisfaction，trust and commitment in customer relationships[J]. Journal of Marketing，1999，63（2）：70-87.

[28] Blattberg R C，Deighton J. Interactive marketing：exploiting the age of addressability[J]. Sloan Management Review，1991，33（1）：5-14.

[29] Stromer-Galley J. On-line interaction and why candidates avoid it[J]. Journal of Communication，2000，50（4）：111-132.

[30] Sledgianowski D，Kulviwat S. Using social network sites：the effects of playfulness，critical mass and trust in a hedonic context[J]. Journal of Computer Information Systems，2015，49（4）：74-83.

[31] 林红焱，周星. 感知视角的消费者移动广告态度分析——以大学生为例[J]. 管理世界，2014（2）：182，183.

[32] Chung C，Austria K. Social media gratification and attitude toward social media marketing messages：a study of the effect of social media marketing messages on online shopping value[C]. Proceedings of the Northeast Business & Economics Association，2010：581-586.

[33] 朱丽娜. 消费者网上购物意向模型研究[D]. 南宁：广西大学，2006.

[34] Kim M，Choi S-Y. An ontology-based adaptive learning system to enhance self-directed learning[C]//Kang B-H，Richards D. Knowledge Management and Acquisition for Smart Systems and Services，2010：91-102.

[35] Kim Y，Sohn D，Choi S M. Cultural difference in motivations for using social network sites：a comparative study of American and Korean college students[J]. Computers in Human Behavior，2011，27（1）：365-372.

[36] Chan T K H，Cheung C M K，Shi N，et al. Gender differences in satisfaction with Facebook users[J]. Industrial Management & Data Systems，2015，115（1）：182-206.

[37] Mathieson K. Predicting user intentions：comparing the technology acceptance model with the theory of planned behavior[J]. Information Systems Research，1991，2（3）：173-239.

[38] Spreng R A，Olshavsky R W. A desires congruency model of consumer satisfaction[J]. Journal of the Academy of Marketing Science，1993，21（3）：169-177.

[39] Peter J P，Tarpey L X，Sr. A comparative analysis of three consumer decision strategies[J]. Journal of Consumer Research，1975，2（1）：29-37.

[40] Li X Q，Chen W H，Popiel P. What happens on Facebook stays on Facebook? The implications of Facebook interaction for perceived，receiving，and giving social support[J]. Computers in Human Behavior，2015，51（Part A）：106-113.

[41] Podsakoff P M，MacKenzie S B，Lee J-Y，et al. Common method biases in behavioral research：a critical review of the

literature and recommended remedies[J]. Journal of Applied Psychology，2003，88（5）：879-903.

[42] 吴明隆. 问卷统计分析实务——SPSS 操作与应用[M]. 重庆：重庆大学出版社，2010.

[43] 吴明隆. 结构方程模型——SIMPLIS 的应用[M]. 重庆：重庆大学出版社，2012.

[44] Hair J F，Black W C，Babin B J，et al. Multivariate Data Analysis[M]. 7th ed. Upper Saddle River：Pearson Education，1998.

[45] Yuan K-H，Bentler P-M. Improving parameter tests in covariance structure analysis[J]. Computational Statistics & Data Analysis，1997，26（2）：177-198.

[46] Zhou Z Y，Jin X-L，Vogel D R，et al. Individual motivations and demographic differences in social virtual world uses：an exploratory investigation in second life[J]. International Journal of Information Management，2011，31（3）：261-271.

[47] Ko C H，Yen J Y，Chen C C，et al. Gender differences and related factors affecting online gaming addiction among Taiwanese adolescents[J]. The Journal of Nervous and Mental Disease，2005，193（4）：273-277.

Research on WeChat Users' Continuance Use Behavior Affected by Implantable Advertising

ZHANG Guangqian，ZHANG Xiting

（Faculty of Management and Economics，Dalian University of Technology，Dalian 116024，China）

Abstract　WeChat Official Account(WCOA)has become a very important information dissemination and advertisement channel and already attracted a lot of users to follow. The objectives of this article are to examine the effects of psychological needs （perceived entertainment，social influence，and information quality）and advertising worry on WeChat users' satisfaction as well as assessing the influence of users' satisfaction and their advertising worry（ads worry）on users' WCOA continuance use behaviors. Our model is based on the Uses and Gratifications Theory and information systems(IS)continuance use. The proposed model was tested by Structural Equation Model through using data from online surveys of 354 WeChat users in China. The results show that perceived entertainment，and sociality positively influence WeChat users' satisfaction significantly. However，ads worry affects negatively users' WCOA satisfaction instead of continuance use behaviors. Specifically，we find that social influence is more important for male users in predicting satisfaction，whereas perceived entertainment has a more salient effect on satisfaction for female users. Female users are more sensitive to ads worry. The research results provide insight into how WCOA operator can motivate users and improve their satisfaction which in turn will increase WeChat users' willingness in continuance behaviors.

Key words　WeChat official account，Continuance use behavior，Implantable advertising，Structural equation model

作者简介

张光前（1971—），男，大连理工大学管理与经济学部博士、副教授，研究方向：电子商务，管理信息系统等。E-mail：zhgq@dlut.edu.cn。

张席婷（1993—），女，大连理工大学管理与经济学部硕士研究生，主要研究方向：社交媒体和电子商务。E-mail：zxtprincess@163.com。

在线医疗平台老年与非老年用户需求及满意度对比分析——以春雨医生为例*

赵　英[1]，李　佳[1]，周　良[1]，李芳菲[2]

（1.四川大学 公共管理学院，四川 成都 610065）

（2.中国人民大学 信息学院，北京 100872）

摘　要　我国医疗资源的有限性与医疗需求的快速增长已经导致较为严重的社会问题。随着老年人口的增加，医疗资源供需不平衡的矛盾进一步加剧。"互联网+"时代到来，在线医疗为医疗行业的供需不平衡带来了可能的解决方案。然而，当前在线医疗平台的活跃用户以非老年用户为主，老年用户参与度不高，这未能充分发挥在线医疗平台缓解医疗资源供需不平衡的作用。因此，本文在在线医疗平台广泛使用的背景之下，以春雨医生为研究对象，探索老年用户与非老年用户对在线医疗平台的需求差异及满意度差异，从而为完善在线医疗平台体系提出相关建议，以促进其在老年用户中的广泛应用，满足老年群体的医疗需求，缓解医疗资源不足的矛盾。

关键词　在线医疗平台，老年用户，用户评价

中图分类号　C870.30

1　引言

我国医疗行业由于资源的稀缺性和配置的局限性，面临诸多问题[1]。例如，虽然医疗资源总量增长，但供需仍相对不平衡；医疗资源分布不均、分级诊疗制度缺失，导致病患就医倾向于选择三甲等优质医疗机构，使医疗资源和病患需求不能很好地匹配；医患之间信息不对称等。在线医疗的出现为解决上述问题带来了机遇。同时老年人是医疗消费的主体，老年人医疗消费具有速度增长快、消费规模大等特点[2]。我国民政部发布的《2017 年社会服务发展统计公报》显示，截至 2017 年底，全国 60 周岁及以上老年人口 24 090 万人，占总人口的 17.3%，其中 65 周岁及以上老年人口 15 831 万人，占总人口的 11.4%[3]。老年人的患病率、发病率都高于其他年龄组，并且老年人所患疾病以慢性疾病为主，有研究表明，一半以上的城市老年人在不同程度上患有两种以上慢性疾病，而且伴随不同的并发症[4]。老年人患慢性疾病的概率高，就医率和住院率高，同时慢性疾病的病期长、并发症多，治疗时间长，因此需要耗费大量的医疗资源。

利用互联网医疗解决老年人的健康问题，不仅有利于满足老年人的就医需求，改善老年人的身体健康状况，从而提高其生活质量及生活满意度和幸福感[5]，而且有利于有效配置稀缺的医疗资源，提高优质医疗资源的利用率和匹配度。虽然在线医疗平台带来诸多好处，但是目前在线医疗平台中老年用户的比例并不高，活跃用户还是以非老年用户为主[6]。从平台运营的角度看，用户参与度的高低由"拉新"

---

* 基金项目：国家社会科学基金项目（19BTQ046）。

通信作者：周良，四川大学公共管理学院助理研究员，E-mail：zhouliang_bnu@163.com。

（吸引用户使用的能力）和"留存"（留下用户继续使用的能力）两个方面共同决定，前者体现为平台对用户医疗需求的理解程度，而后者体现为用户对服务的满意程度，在线医疗平台用户评价数据的分析结果，可以作为两者的参考依据。老年用户与非老年用户使用同一在线医疗平台，而老年用户的参与度明显低于非老年用户，其原因可以通过对比和分析两类用户对在线医疗服务需求与满意度的评价数据来探索：老年用户与非老年用户的在线医疗服务需求和满意度是否具有差异？两类用户群体的在线医疗服务需求和满意度各有什么不同？如何更好地为老年用户提供在线医疗服务？因此，本文选取在线医疗平台的典型代表春雨医生为研究对象，从该平台获取大量真实的用户评价数据，从中挖掘两类用户的需求及满意度差异，从而对上述问题进行回答，以期能够促进在线医疗服务在老年用户中的应用。

2　文献综述

20 世纪 90 年代国外学者便开始关注在线医疗，国外的相关研究可以划分为三个阶段：从 1997 年到 2003 年，随着互联网的发展，人们开始使用互联网解决医疗问题，这一阶段主要是对在线健康信息评价的研究；从 2003 年到 2006 年，在线医疗的方式逐步从在线健康信息网站转变为在线医疗健康话题讨论，这一阶段主要是对在线医疗相关的技术、工具和方法的研究；从 2006 年至今，随着在线医疗社区的发展和普及，学者的研究重点在于在线医疗社区的内容分析及用户行为分析等方面[7]。

在中国知网（China National Knowledge Infrastructure，CNKI）中以"在线医疗"为关键词共检索出 213 条结果，从中发现目前国内的研究内容主要有以下几个方面：①对在线医疗平台的研究。例如，基于 Web 服务的基本思想构建在线医疗预约系统[8]、基于 J2EE（java 2 platform enterprise edition，java 2 平台企业版）进行在线医疗信息服务系统的设计与开发[9]、基于云计算平台的电子医疗服务系统设计与实现[10]等。②对在线医疗服务的研究。例如，通过问卷调查、访谈等方法总结当前线下医疗服务体系的突出问题、讨论构建先进的在线医疗服务模式[11]等。③对在线医疗社区的研究。例如，对在线医疗社区中用户交互行为的研究[12]、医患互动行为影响因素的研究[13]、在线医疗社区中服务利用及转化的研究、患者信息共享意愿的研究、医生贡献行为的影响因素研究、医患信任影响因素的研究等。

从发文量和发文时间的角度来看，在线医疗社区是目前的研究热点，受到了学者的广泛关注，比较典型的研究方法及成果主要有以下几类：①通过内容分析、文本挖掘等方式探究在线健康信息的特点、可信度及作用等问题；②通过问卷调查、电话访谈等方式探究在线医疗社区中用户参与度、用户需求及用户接受程度等问题；③通过数据分析及实验的方式探究不同类型用户的各种行为与影响因素[7]。然而，当前的研究大多采用问卷、访谈等方式获取患者的满意度，而较少直接利用患者在在线医疗平台中的用户评价数据进行研究。在线医疗平台在长期运行的过程中，积累了大规模的用户评价数据，这些客观行为数据是用户使用后的真实反馈，具有较高的可靠性，并且数据规模大、历时长，可以减少虚假或无效数据对总体结果的影响，增加数据分析结果的信度和效度。除此以外，目前大多数研究将在线医疗平台的用户划分为两类，即医生和患者，而较少对患者进行分类，探究不同年龄患者的需求差异。因此，本文利用网络爬虫获取春雨医生平台中用户评价的客观数据，根据患者年龄将其划分为老年用户与非老年用户，从用户评价数据中对比分析不同年龄患者的需求差异和满意度差异，以期丰富在线医疗社区的研究成果。

3　研究假设

与非老年人相比，老年人由于年龄等方面，生理和心理功能逐渐衰退、老化，对医疗卫生的信息需求比年轻人更加丰富[14]。老年人不仅与非老年人有相同的共性医疗需求，还有很多不同于非老年人的个性医疗需求。共性医疗需求主要表现在老年人随着年龄的升高，生理机能衰退，抵抗能力下降，导致感冒、发烧、咳嗽等常规病的患病率和发病率提高，这些也是非老年人的常见病；个性医疗需求主要表现在老年人是心脏病、高血压、脑血管病、肿瘤等慢性疾病和退行性疾病的高发群体，导致老年人口的病残率和死亡率明显高于非老年人[15]，而退行性疾病与年龄增长具有强相关关系，因此非老年人较少具有该类型医疗的需求。同时随着老年人社会角色和社会地位的转换，老年人社会活动减少，容易产生消极、孤独情绪和失落感，他们医疗需求的内容远远多于非老年人群[16]。综上所述，可以看出非老年用户需要针对常规病的医疗资源，老年用户需要针对常规病、慢性疾病和退行性疾病的医疗资源，因此本文提出以下研究假设。

H1：老年用户与非老年用户对在线医疗服务的需求不同。

随着互联网的普及，网络购物、网络通信、互联网金融、互联网信息与娱乐等产业方兴未艾，在给人们提供极大便利和享受的同时在创造着巨大的社会财富，变革着这一代人的生活和工作方式。但另一方面，逐渐庞大却经常被社会大众忽略的老年人群体，未能像年轻人那样享受到互联网时代的便利和自由的红利，更有甚者，部分老年人原有的思维习惯和行为模式遭遇到互联网前所未有的冲击与挑战，导致其在诸多方面都遇到各种困扰和难题[17]。与非老年人相比，老年人自身生理条件、文化水平、心理素质等各方面的限制，导致其对新技术的接收能力较弱，使用互联网产品的难度较大，学习成本较高，导致老年人的满意度较低。周君等对医院"互联网+"服务的满意度问卷调查结果表明，<30岁、30~40岁、41~50岁、51~60岁和>60岁组的总体满意度分别为100%、90.70%、76.27%、55.56%和52.38%，其中51岁及以上患者中有近一半表示不太满意，这与年龄层面接收信息技术更新的渠道和能力存在一定关系[18]。综上所述，本文提出以下研究假设。

H2：与非老年用户相比，老年用户对在线医疗服务的满意度较低。

4 研究方法与数据收集

4.1 数据来源

本文以春雨医生为研究对象，根据比达咨询发布的《2018年中国移动医疗APP产品监测报告》的数据，春雨医生、好大夫在线、平安好医生月度覆盖人数占比在5%以上，为第一梯队[19]。根据易观智库发布的《中国移动问诊白皮书2018》，如图1所示，从企业现有资源，包括医疗资源、资本实力、用户资源、产品和服务运营、数据分析能力等，以及企业创新能力，包括产品创新能力、技术能力、商业化能力等两个维度衡量市场上现有的移动问诊应用程序（application，APP），同样可以看出平安好医生、好大夫在线、春雨医生均位于领先者的地位[6]。其中平安好医生在企业创新能力方面领先于春雨医生和好大夫在线，而在企业现有资源方面低于其他两个平台；好大夫在线在企业现有资源方面领先于春雨医生和平安好医生，而在企业创新能力方面低于其他两个平台。因此，综合考虑企业现有资源和创新能力，本文选取了两个维度发展较为均衡的春雨医生为研究对象。

成立于2011年的春雨医生，是我国互联网医疗行业的典型案例。相比于其他在线医疗平台，春雨医生面向各个年龄段的用户，有着大量的用户群体及较为成熟的商业模式，目前春雨医生平台有9000万用户使用，40万医生在线提供服务，每天解答33万个问题。春雨医生发布的《2017年互联网医疗价值报告》数据显示，2017年共有132 293名医生通过春雨医生平台向用户提供服务、撰写健康科普文章、参加同行之间的业务交流。2017年春雨医生输出的线上问诊总量相当于新增了30家以上大型三甲医院的门诊服务能力，患者好评率达98.37%。春雨医生平台线上问诊全年已实现平均响应时间3.73分钟，

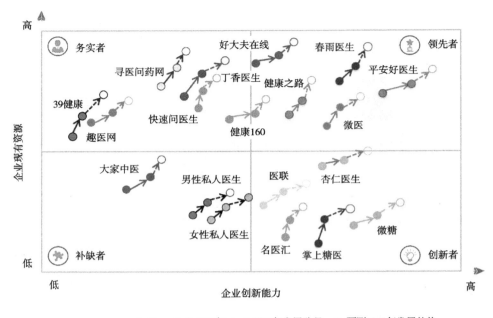

图 1　2017 年中国移动问诊市场实力矩阵

平均医患交流次数为 8.97 次，平均问诊结束时长 4.17 小时，而在全部交互中，超过三成的线上问诊发生在 20 点至凌晨两点。在用户分布方面，春雨医生平台问诊用户覆盖全球超过 130 个国家和地区，共有 281 137 位用户来自中国大陆以外地区[20]。丰富的用户数据，以及面向各地、面向全年龄段的用户群体使针对春雨医生的研究具有一定的普适性和代表性。

4.2　研究方法

本文采用定量研究的方法。具体研究步骤如下。
（1）观察平台数据结构，根据研究问题确定需要采集的字段。
（2）确定爬虫技术路线，进行数据采集和清洗。
（3）利用统计分析软件，根据研究问题对所采集的数据进行分析。
（4）根据研究结论，对在线医疗平台提出相应的建议。

4.3　数据收集

本文以春雨医生为研究对象，将该平台的用户分为老年用户和非老年用户两类人群进行比较分析，通过获取用户对医生的提问及评价数据，探索两类用户的医疗需求和满意度的异同之处。因此，需要获取医生基本信息、用户提问、用户评价三类数据。通过分析春雨医生 APP，发现通过首页的"找医生"能够采集平台所有科室的医生数据，点击"找医生"会出现各科室列表，科室总共为 17 科，点击某一个科室，会呈现相应科室的所有医生列表，列表中展示的医生信息有姓名、科室等信息；点击某一位医生会进入该医生的主页，接着点击医生主页的"热度咨询"，便会有好差评的数量及患者评价列表。

从医生信息中获取的用户咨询的科室数据可以在一定程度上反映用户的医疗需求；从提问中获取用户年龄和问题描述数据，根据年龄字段可以划分老年用户与非老年用户，通过对两类用户的问题描述文本进行分词统计，获取高频词汇，可以在一定程度上反映两类用户的医疗关注热点；从评价中获取用户总体满意度及具体评价标签，根据总体满意度划分好差评，根据具体评价标签，对比两类用户的满意度差异。

利用 Fiddler 抓包解析网页数据信息，所需的医生信息和用户评价信息均以轻量级的数据交换格式 JSON（java script object notation，JSON）存储，通过网页链接发现其中所需信息的链接规律，并从 JSON 中提取需要的数据字段，因为所需要采集的信息有些不在同一页面，每次数据采集都是从医生列表页链接拿到医生 ID 数据，再依次进入下级页面，所以在对用户评价信息采集时采用的是三级页面数据。数据采集的时间为 2018 年 1 月 18 日~20 日。

4.4　数据清洗

下面是对用户评价中的文本分析进行清洗，分为以下几步。

（1）整合相关数据。对于用户评论数据，因为数据采集也采用的是通过分科室进行爬取的方法，所以本文首先需要对其进行信息整合。

（2）去除重复数据。爬取的数据中存在重复数据，因此本文需要对其进行去重处理。对于用户评论数据，根据问题 ID 去重。

（3）重要信息提取。由于需要的用户性别、年龄数据在位于名为 ask 的数据字段里，其中还包括患者用户的咨询问题名称，我们需要对本文所需要的用户性别、年龄数据进行提取。

（4）缺失值剔除。因为有的用户在被提问时没有填写性别、年龄信息，所以这对本文的研究问题无意义，本文对其进行剔除，最后保留所有含有用户年龄的评价信息。

最终共获得用户评价数据 91 万余条，其中好评数据 80 万余条，差评数据 11 万余条，我们将其用于本文的问题研究。将所需的数据按照研究需要导入统计分析软件，进行数据分析。

5　假设检验

5.1　需求分析

用户的医疗需求主要由两个方面体现：一是用户咨询医生的所属科室。在使用春雨医生时，用户根据自身知识和经验，对自己的身体状况和所患疾病进行一个初步判断，然后选择相应的科室，从中挑选医生进行咨询；或者可以使用症状自诊功能，选择疼痛部位和症状，根据系统自动诊断的疾病选择相应的医生。医生通常是术业有专攻，患者根据自己的医疗需求选择相应的专业医生，因此可以从医生所属的科室反推出患者的医疗需求。在春雨医生平台中，用户在进行真实咨询后，对该医生的回答进行评价，因此医生的专业方向体现了用户疾病的所属门类，反映了用户的医疗需求。二是用户咨询的提问文本。图文咨询是当前在线医疗的主要服务方式，用户选择医生后，需要对自己的疾病情况进行文字描述，辅以图片形式的检查结果，医生根据用户的描述，对病情进行诊断并提出相应的医疗建议，因此用户咨询的提问文本直观反映了用户自身的健康问题，体现了用户的医疗需求。

本文首先对 91 万余条用户评价数据中的科室字段进行统计分析，对比不同科室中老年用户和非老年用户的绝对人数与用户比例，从中分析两类用户的医疗需求差异。其次分别对老年用户和非老年用户的提问文本进行分词，绘制词云图，从提问的高频词汇中挖掘两类用户的医疗需求及差异。本文对老年用户和非老年用户的界定，是根据我国《中华人民共和国老年人权益保障法》第二条规定，"本法所称老年人是指六十周岁以上的公民"。参考国际通用标准，国际上发达国家老年人年龄起点标准为 65 岁，发展中国家的标准为 60 岁。因此本文将 60 岁及以上年龄的用户视为老年用户。

5.1.1　科室分析

对 91 万余条用户评价数据中的科室字段的统计分析结果如表 1 所示,从评价数据中不同科室的用户比例可以看出,老年用户人数最多的科室有内科、外科、肿瘤及防治科和骨伤科;而非老年用户人数最多的科室有内科、儿科、妇科、外科。老年用户占比最高的科室有肿瘤及防治科、内科、骨伤科;而非老年用户占比最高的科室有产科、儿科、整形美容科和妇科。

表 1　评价数据中不同科室的用户比例

科室	非老年用户人数/人	非老年用户占比	老年用户人数/人	老年用户占比	总人数/人
报告解读科	17 408	96.30%	669	3.70%	18 077
产科	54 989	99.99%	7	0.01%	54 996
春雨全科	4	100.00%	0	0.00%	4
春雨综合科	2	100.00%	0	0.00%	2
儿科	116 054	99.94%	64	0.06%	116 118
耳鼻咽喉科	30 331	98.76%	380	1.24%	30 711
非医疗健康问题	17	100.00%	0	0.00%	17
妇科	111 538	99.84%	180	0.16%	111 718
骨伤科	51 816	96.26%	2013	3.74%	53 829
基因检测科	12	100.00%	0	0.00%	12
精神心理科	31 246	99.28%	228	0.72%	31 474
口腔颌面科	30 541	99.02%	301	0.98%	30 842
内科	187 698	95.81%	8218	4.19%	195 916
男科	19 218	99.76%	47	0.24%	19 265
皮肤性病科	89 005	99.20%	720	0.80%	89 725
外科	110 635	97.13%	3266	2.87%	113 901
眼科	22 789	97.81%	510	2.19%	23 299
营养科	20 046	99.34%	134	0.66%	20 180
整形美容科	10 013	99.85%	15	0.15%	10 028
中医科	50 951	98.81%	613	1.19%	51 564
肿瘤及防治科	10 560	83.42%	2099	16.58%	12 659
合计	964 873	98.02%	19 464	1.98%	984 337

从表 1 中可以看出,内科和外科是两类用户都使用较多的科室,其原因可能是内科、外科包含的疾病种类多、发病率高,并且老年群体高发的心脑血管疾病、糖尿病、慢性呼吸系统疾病等慢性疾病均属于内科。两类用户医疗需求差异较大的地方在于,老年用户咨询肿瘤及防治科和骨伤科的人数较多,而较少咨询儿科、产科和妇科。其原因有以下四点:一是老年人与非老年人处于不同的生命阶段,老年人已经度过了生儿育女的阶段,而非老年人可能还需要面临生殖和养育孩子的问题,因此对儿科和产科的医疗需求较多;二是根据自然规律,随着年龄的增长,更年期后人体内分泌功能进入静息状态,而妇科疾病多与生殖、激素有密切关系,因此老年妇科疾病趋于少见,老年人对妇科的医疗需求较少,而非老年人对妇科的医疗需求较大[21];三是老年人生理机能衰退,骨无机盐增多、有机质衰老、钙磷比例失调、

微结构改变等原因，导致老年人骨质疏松、质脆、关节软骨弹性减弱，骨质出现退行性病变[22]，因此相比于非老年人，老年人易患多种骨科疾病，对骨科的医疗需求较大；四是老年人是肿瘤疾病的高发群体，从表1中可以看出，肿瘤及防治科是老年用户占比最高的科室。美国国家癌症研究所的数据结果显示，肿瘤最大的单一危险因素是老龄化，约60%的肿瘤患者发生于65岁及以上人群，70%的肿瘤患者死亡也发生在这一年龄组[23]。老年人器官功能减退，对肿瘤细胞的免疫监视功能下降，并且老年人暴露于致癌环境的时间长、长期生活方式不良造成的影响大，多方面因素的累加容易导致细胞癌变[24]。因此，相比于非老年用户，老年用户对肿瘤及防治科的医疗需求较大。

5.1.2 提问文本分析

在线医疗平台中医生根据用户的提问描述，对病情进行诊断和治疗，因此用户的提问文本直观反映了用户自身的健康问题，体现了患者的医疗需求。本文利用Blue MC工具分别对老年用户和非老年用户的提问文本进行分词与词频统计，删除一些两类用户共有的提问通用词汇，如医生、大夫、您好、请问、怎么办、治疗、检查、年龄、谢谢、医院等，将其余高频词汇制成词云图。

老年用户的提问高频词汇如图2所示，从中可以看出老年用户提问的高频词汇包括手术、血压、高血压、CT、术后、化疗、头晕、咳嗽、心脏、糖尿病、血糖等，说明老年用户需要在线医疗平台提供有关常规病、慢性疾病、肿瘤、手术等方面的咨询。从图2中表示年龄的数字可以看出，60~70岁在老年用户中使用频次较高，说明该年龄段的老年人较常使用在线医疗平台，春雨医生可以将其作为推广在线医疗平台的目标用户。除此以外可以发现，母亲、父亲、奶奶等也是高频词汇，说明老年用户可能由于自身生理条件有限、文化水平不足、技术接受困难等问题，在使用在线医疗平台时由子女、儿孙等较为年轻的亲属代为咨询。

图2 老年用户的提问高频词汇词云图

非老年用户的提问高频词汇如图 3 所示，其中能体现非老年用户医疗需求的高频词汇包括孩子、怀孕、月经、手术、感冒、发烧等，说明非老年用户需要在线医疗平台提供儿科、产科、妇科及普通常见病的咨询服务。从图 3 中可以看出 18~30 岁是出现频次较高的年龄段，说明该年龄段的用户是非老年用户中的核心用户。除此以外可以发现，今天、最近等表示时间的词语也是高频词汇，说明非老年用户倾向于当有症状出现时及时咨询在线医疗平台。

图 3　非老年用户的提问高频词汇词云图

综上所述，从用户科室分布的绝对人数和比例及用户提问的高频词汇都可以看出，老年用户与非老年用户的医疗需求具有较大差异，除了内科、外科是二者共同的医疗需求，老年用户对骨伤科和肿瘤及防治科的需求较大，而非老年用户对儿科、妇产科的需求较大。因此，H1 老年用户与非老年用户对在线医疗服务的需求不同，得到数据分析结果的支持。其原因可能是老年人随着年龄的增加，生理机能逐渐减退、免疫能力下降导致身体健康状况较差，同时随着长年累月不良习惯的积累，易导致慢性疾病、肿瘤及退行性疾病。而非老年人整体身体健康状况较好，患慢性疾病的概率低，且处于与老年人不同的生命阶段，具有生殖和育儿的需求，因此对产科、妇科和儿科等方面的医疗需求较大。

5.2　满意度分析

用户评价是用户咨询结束后主动对本次服务的评价，是用户满意度的直观体现。在春雨医生平台中用户和医生关于疾病咨询的对话结束后，用户可以对医生的服务情况根据自身的满意程度做出相应评价。评价包括三个部分：一是对本次服务的总体评价，分为满意（好评）、一般（中评）、不满意（差评），相对于中评而言，好评和差评更能体现出用户评价的好恶，因此本文选取好评和差评两类评价信息进行采集分析；二是用户的评价文本描述，由于春雨医生平台上填写评价文本的用户比例较低，本文目前没有对评价文本进行分析；三是评价标签，评价标签是对总体评价进行细化，主要包括回复是否及时、态度是否友好、解答是否清楚、回复是否有帮助、医生是否专业、医生是否敬业，本文将评价中的六类评价标签分为两大类进行分析，分别是医生专业能力的评价"专业"、"有帮助"和"敬业"，服务能力的评价"态度"、"及时"和"清楚"。由于两类用户的绝对人数差异较大，老年用户在春雨医生平台上占比较低，本文对好评、差评的六类标签分别计算老年用户和非老年用户的满意度比例，使其具有可比性，通过卡方检验，比较两类用户的满意度差异。

5.2.1 好评中的评价标签分析

从表2中好评中专业能力评价标签统计来看，仅有"意见很有帮助"的卡方检验 p 值小于0.05，具有明显差异，说明老年用户更加认可医生意见的帮助性。两类用户对医生专业和敬业方面的满意度没有明显差异。从绝对人数来看，无论是老年用户还是非老年用户，勾选"意见很有帮助"这一项的人数均高于其他两项，说明老年用户和非老年用户都更重视在线医疗平台的有效性。

表2　好评中专业能力评价标签统计

用户类型	非常专业认真		意见很有帮助		非常敬业	
	0	1	0	1	0	1
非老年用户	511 448	335 039	504 115	342 372	544 048	302 439
	60.42%	39.58%	59.55%	40.45%	64.27%	35.73%
老年用户	10 719	7 216	10 472	7 463	11 584	6 351
	59.77%	40.23%	58.39%	41.61%	64.59%	35.41%
合计	522 167	342 255	514 587	349 835	555 632	308 790
	60.41%	39.59%	59.53%	40.47%	64.28%	35.72%
p 值	0.076		0.002		0.380	

注：0表示未勾选该项，1表示勾选该项

从表3中好评中服务能力评价标签统计来看，仅有"回复很及时"的卡方检验 p 值小于0.05，说明不同年龄的用户对回复速度的感知具有明显差异，且老年用户的满意度更高，说明老年用户在医生回复速度方面更加宽容。从绝对人数来看，无论是老年用户还是非老年用户，勾选"态度非常好"这一项的人数均高于其他两项，说明不同年龄组的用户都更注重服务的友好性，因此在线医疗平台应注重平台的人性化关怀，让用户感觉不是在和冷冰冰的机器交流，利用情感化设计将人文关怀融入在线医疗平台中。从绝对人数看，无论是老年用户还是非老年用户，勾选"非常清楚"这一项的人数均低于其他两项，且从勾选人数占总人数的百分比来看，相对于其他两项低了10%左右，说明相对于医生的态度和回复速度而言，在线医疗平台的医患交流沟通中还是存在信息传达不充分、患者不能很好理解医生建议等不足。

表3　好评中服务能力评价标签统计

用户类型	态度非常好		回复很及时		非常清楚	
	0	1	0	1	0	1
非老年用户	440 573	405 914	450 782	395 705	526 782	319 705
	52.05%	47.95%	53.25%	46.75%	62.23%	37.77%
老年用户	9 298	8 637	9 351	8 584	11 204	6 731
	51.84%	48.16%	52.14%	47.86%	62.47%	37.53%
合计	449 871	414 551	460 133	404 289	537 986	326 436
	52.04%	47.96%	53.23%	46.77%	62.24%	37.76%
p 值	0.588		0.003		0.514	

注：0表示未勾选该项，1表示勾选该项

5.2.2　差评中的评价标签分析

从表4中差评中专业能力评价标签统计来看，"不细致"和"感觉不专业"两项的卡方检验 p 值均小于0.05，说明不同年龄组对服务的专业性和细致性感知有明显差异，且老年用户的差评率低于非老年用户。老年用户中差评率最高的一项是"没有帮助"，验证了老年用户对在线医疗咨询有效性的重视。通过查看简单的评论文本发现，有很多患者提到了医生的回答并没有个性化，大多数千篇一律，甚至有的是从网上复制粘贴过来的，医生回答的质量低是"没有帮助"的主要原因。除此以外，部分老年用户并非本人咨询，而由其后辈或亲属代理，导致其对医生的回答没有很好地理解。一方面，老年用户在听取转述信息的过程中，可能会错失有效信息；另一方面，其后辈或亲属因经验不足、知识储备有限等，不能对老年人做出相应的有效处理措施，最终造成"没有帮助"的后果。非老年用户中差评率最高的一项是"不细致"，占所有非老年用户群体的28.79%，说明非老年用户更重视医生在解答过程中的细致和具体，以及对症下药的专业能力。因此，针对不同的用户群体，在线医疗平台需要改进的地方也具有差异，针对老年用户需要提高服务的针对性，针对非老年用户需要提高服务的专业化。

表4　差评中专业能力评价标签统计

用户类型	感觉不专业		没有帮助		不细致	
	0	1	0	1	0	1
非老年用户	92 084	26 312	90 048	28 348	84 311	34 085
	77.78%	22.22%	76.06%	23.94%	71.21%	28.79%
老年用户	1 238	294	1 164	368	1 190	342
	80.81%	19.19%	75.98%	24.02%	77.68%	22.32%
合计	93 322	26 606	91 212	28 716	85 501	34 427
	77.82%	22.18%	76.06%	23.94%	71.29%	28.71%
p 值	0.005		0.944		0	

注：0表示未勾选该项，1表示勾选该项

从表5中差评中服务能力评价标签统计来看，三项指标的卡方检验 p 值均小于0.05，说明老年用户与非老年用户对于服务的效率、友好性和沟通具有明显差异，且老年用户的差评率均低于非老年用户，说明老年用户对服务中的瑕疵忍耐程度较高，具有较高的包容性。其中老年用户和非老年用户差评率最高的一项都是"等好久没回复"，说明不同年龄段的用户都对服务的效率很重视，因此在线医疗平台应不断提高问题和答复的匹配效率，一方面采取激励手段鼓励医生做出针对性的答复，另一方面可以建立案例库等智能专家系统，根据用户的描述自动做出初步判断，减少用户的等待时间。

表5　差评中服务能力评价标签统计

用户类型	不友好		等好久没回复		完全听不懂	
	0	1	0	1	0	1
非老年用户	100 866	17 530	88 223	30 173	110 789	7 607
	85.19%	14.81%	74.52%	25.48%	93.57%	6.43%
老年用户	1 376	156	1 212	320	1 455	77
	89.82%	10.18%	79.11%	20.89%	94.97%	5.03%
合计	102 242	17 686	89 435	30 493	112 244	7 684
	85.25%	14.75%	74.57%	25.43%	93.59%	6.41%
p 值	0		0		0.026	

注：0表示未勾选该项，1表示勾选该项

　　无论是从专业能力还是从服务能力来看，老年用户的差评率普遍较低，H2"与非老年用户相比，老年用户对在线医疗服务的满意度较低"，未得到数据分析结果的支持。这与现有研究（周君等[18]）不符，其原因一方面可能是，周君等[18]研究的是满足用户挂号、候诊、就诊、检查检验、缴费、取药等需求的在线医疗平台，该平台是由医院借助互联网技术对就医流程的改造，因此患者不得不使用该平台，这导致新技术接受能力较弱的老年用户即使不能很好地掌握该平台也必须使用，因而满意度较低。而本文所研究的春雨医生平台，是对老年用户医疗需求的辅助，老年用户可以自由选择是否使用该平台，因此技术接受能力较弱、可能会给出差评的老年用户，可能选择不使用该平台，因而表现出较低的平台差评率。另一方面可能是周君等[18]的研究调查时间是 2016 年，而本文的数据收集时间是 2018 年，随着近年来在线医疗服务的推广，老年用户接受新技术有了一定的学习时间，老年用户掌握了一定的在线医疗平台的使用方法并产生了一定的信任，因而满意度有所提高。

　　老年用户满意度较高的其他原因可能有以下三点：一是老年用户在在线医疗平台上咨询的是有关慢性疾病的问题，这些不是关乎性命的急症，需要长期控制和治疗，老年用户根据医生建议，症状得到缓解，较为容易感到满意。二是老年用户相比于非老年用户，对互联网的接触程度较浅，对在线医疗资源的了解较少，因此预期期望较低、要求较低，较为容易获得满足。三是有能力自己使用在线医疗平台的老年用户，通常是学历、自身素质、能力较高的群体，他们能够掌握和熟练使用在线医疗平台，可以用该工具方便快捷地解决自身问题，避免了去医院排队、出行成本较高等问题，因而感到满意。而部分老年用户由于自身学历有限、能力不足或视力较差、行动不便等因素，自己无法进行线上咨询，这部分老年用户由其后辈或亲属代为咨询。调查显示，70%的中年人有替父母上网查询医疗健康信息的行为，而且学历越高的中年人中为老年人进行健康咨询的占比越大[25]，高学历、高素质的非老年用户对在线医疗平台的认同度较高，因此满意度较高。除此以外，还有部分既不会自己使用，也没有亲属帮助的老年人，他们可能并不使用在线医疗平台，在线医疗平台只是对医疗需求的补充而非必需的选项，因此这部分可能做出差评的老年人并没有在平台上留下差评，导致老年用户的整体满意度较高。

6　结论

　　本文针对目前在线医疗平台可以缓解医疗资源供需不平衡，但老年用户参与度不高、活跃用户以非老年用户为主的现象展开研究，将使用服务前对新用户的吸引和使用服务后对老用户的留存两个方面的能力作为衡量用户参与度的依据，吸引用户使用的能力可体现为平台对用户医疗需求的理解程度，留下用户继续使用的能力则可以体现为用户对服务的满意程度，两者都可以从用户评价中获得，通过对比老年用户与非老年用户需求和满意度的差异，来探索老年用户对在线医疗平台参与度不高的背后原因。因此本文选取行业内较有代表性的春雨医生作为研究对象，从用户的真实评价中提取出用户需求和满意度两个指标，将老年用户与非老年用户的两个指标分别进行对比分析，发现老年用户与非老年用户对在线医疗服务的需求和满意度都存在明显的差异，具体表现为：在需求方面，由于身心健康状况和生命阶段的差异等方面，两类用户除了对内科和外科的需求程度都较高外，老年用户的医疗需求更多体现在骨伤科和肿瘤及预防科，而非老年用户的医疗需求体现在儿科和妇产科；在满意度方面，由于预期的差异、咨询的不同侧重及高素质后辈代为咨询等方面，老年用户整体的满意度高于非老年用户，老年用户包容度更高，有更高的用户价值。

　　但是，当前医疗平台的设计和运营体系主要围绕对互联网服务更为熟悉的非老年用户来开展，使用同一套服务体系对于老年用户来说存在着不小的参与障碍。为更好地促进在线医疗平台在老年用户中的应用，在线医疗平台需要重视针对不同群体的差异化和个性化服务。基于本文的研究结论，同时考虑老年用户群体生理和心理等各方面的特殊性，充分满足老年用户不同于非老年用户的医疗需求，增强在线医疗平台的吸引力，为以春雨医生为代表的在线医疗平台加强针对老年用户的建设，促进在线医疗在老年用户中的普及提出以下几点建议。

第一，加强在线医疗平台的慢性疾病管理功能建设。慢性疾病的治疗需要长期的监测和控制，如果处理不当还会引发其他并发症。在线医疗平台具有便捷、可随身携带等特点，可以根据老年用户的治疗方案，利用推送进行用药提醒、运动提醒等服务。同时配合穿戴设备，可以长期实时监测老年用户的身体健康状况[26]，为老年用户建立个人信息档案，利用大数据分析、云计算等技术，对用户的健康、运动、睡眠、饮食等进行检测与分析，结合私人医生功能，为老年用户提供健康评估、干预、追踪、随访、患病预警等一系列医疗服务。第二，构建在线医疗平台的 O2O 医疗服务闭环。学者在有关老年人在线健康信息检索行为的研究中指出，熟悉互联网及对在线健康信息的信任是影响老年人对在线健康信息判断的重要因素[27]。由于老年用户观念比较传统保守，实体医院仍是其主要选择，他们对在线问诊这类新事物的接受能力比较弱。在线医疗平台应该与实体医院积极展开合作，可以增加老年用户对其的信任度，从而促进在线医疗平台在老年用户中的推广与应用。第三，以老年用户为核心构建垂直模式在线医疗平台。为了方便老年用户的使用，在线医疗平台需要简化界面和操作流程，降低老年用户的学习成本[28]，如将字体放大、添加语音输入功能，将老年用户常用的科室放置在界面的显眼位置，将不常用的科室和功能隐藏起来等。针对老年用户这一医疗消费的主体，可以为其提供从院前健康管理、院中挂号治疗到院后康复管理的一条龙服务，整合医养产业链，为老年人提供全流程的医疗服务，也可以结合现有的私人医生服务，在提供一条龙服务的同时，更加贴近个案，提供长期一对一的咨询服务，提高服务的针对性和人性化。同时考虑老年人行动不便、出行成本较高，可以为其提供基于 LBS 的上门服务功能。第四，建立案例库和智能专家系统，充分发掘历史咨询信息的价值。在线医疗平台中老年用户常咨询的是有关健康、慢性疾病及常规疾病方面的问题，很少会出现疑难杂症，而这些疾病通常已有先例可以参考。因此，在线医疗平台首先需要将平台上已有的数据进行组织和整理，构建案例库，当用户描述症状后利用相关算法，从案例库中匹配最相似的案例及该案例最高质量的回复，通过计算机匹配案例减少用户的等待时间。其次在案例库等知识库的基础上，利用自然语言处理、构建本体、人工神经网络推理、深度学习等技术，构建针对老年疾病的智能专家系统，通过盘活系统中已有的信息资源和人类专家的知识，提高智能回复的有效性、专业性和针对性。

本文虽然对促进在线医疗服务在老年用户中的应用具有一定的贡献，但仍有一定的局限性。本文仅对用户提问进行了分词和词频统计分析，没有对用户评价的文本内容进行深入分析，未来可以利用自然语言处理、机器学习等技术，对患者的问题描述和评价文本进行内容分析，从中挖掘不同年龄患者的深度医疗需求。

参 考 文 献

[1] 杜凤姣. 2002~2011 年我国医疗卫生资源配置的公平性分析[D]. 上海：华东师范大学，2014.

[2] Libing L，Xin X，Yihong H，et al. Internet+talent training base construction for integration of medical treatment，nursing and elderly care[C]. Xi'an：2016 Joint International Information Technology，Mechanical and Electronic Engineering Conference，2016.

[3] 中华人民共和国民政部. 2017 年社会服务发展统计公报[EB/OL]. http://www.mca.gov.cn/article/sj/tjgb/2017/20170802 1607.pdf[2018-07-15].

[4] Su C，Yude W. The care of the elderly with chronic disease based on electronic health records[C]. Hokkaido：2012 International Symposium on Information Technologies in Medicine and Education. IEEE，2012，2：760-763.

[5] 孙国强，由丽李，陈思，等. 互联网+医疗模式的初步探索[J]. 中国数字医学，2015，10（6）：15-18.

[6] 易观智库. 中国移动问诊白皮书 2018[EB/OL]. https://wenku.baidu.com/view/0792bc06ec630b1c59eef8c75fbfc77da26997f4.

html[2018-07-15].

[7] 吴江，黄晓，董克. 基于知识图谱的在线医疗研究综述[J]. 信息资源管理学报，2016，（2）：4-12，21.

[8] 李琳，王春清，王珂. 基于 Web 服务的在线医疗预约系统的设计与研究[J]. 科技信息（学术版），2006，（11）：160，162.

[9] 刘娣. 基于 J2EE 的在线医疗信息服务系统的设计与开发[D]. 青岛：中国海洋大学，2009.

[10] 张正欣. 基于云计算平台的电子医疗服务系统设计与实现[D]. 北京：北京工业大学，2013.

[11] 郑秋莹，孔军辉. 患者在线社区：医疗服务创新的新途径[J]. 医院管理论坛，2013，30（4）：59，64.

[12] 吴江，施立. 基于社会网络分析的在线医疗社区用户交互行为研究[J]. 情报科学，2017，（7）：120-125.

[13] 叶存辉. 在线医疗平台医师受访量影响因素分析[D]. 北京：北京外国语大学，2017.

[14] 左美云，刘勍勍，刘方. 老年人信息需求模型的构建与应用[J]. 管理评论，2009，21（10）：70-77.

[15] 姜向群，万红霞. 老年人口的医疗需求和医疗保险制度改革[J]. 中国人口科学，2004，（S1）：135-140，179.

[16] 邬贻萍，高倩，初慧中. 青岛市老年病人医疗需求分析[J]. 公共卫生与预防医学，2010，21（6）：15-17.

[17] 付汝康. 对互联网背景下老年人生活适应的干预研究[D]. 上海：华东理工大学，2016.

[18] 周君，陈富强，申思，等. "互联网+"对患者门诊就医体验的影响[J]. 协和医学杂志，2016，7（3）：238-240.

[19] 比达咨询. 2018 年中国移动医疗 APP 产品监测报告[EB/OL]. http://www.3mbang.com/i-1043.html[2018-07-15].

[20] 春雨医生. 2017 年互联网医疗价值报告[EB/OL]. http://www.360doc.com/content/18/0210/11/41453678_729114378.shtml[2018-07-15].

[21] 李雅然. 老年人的妇科疾病[J]. 国外医学（老年医学分册），1980，（1）：46，47.

[22] 吴先良，张赐鑫，肖胜添，等. 老年人骨科疾病的预防措施[J]. 中国医药指南，2010，8（20）：60-62.

[23] Tam-McDevitt J. Polypharmacy, aging, and cancer[J]. Oncology, 2008, 22（9）: 1052.

[24] 于正洪. 老年人肿瘤研究现状[J]. 医学研究生学报，2011，24（4）：337-339.

[25] 社交网络赋能课题组. 生活在此处——社交网络赋能研究报告[EB/OL]. https://www.docin.com/p-2158898068.html[2018-07-15].

[26] Kekade S, Hseieh C H, Islam M M, et al. The usefulness and actual use of wearable devices among the elderly population[J]. Comput Methods Programs Biomed, 2018, 153: 137-159.

[27] Wu D, Li Y Z. Online health information seeking behaviors among Chinese elderly[J]. Library & Information Science Research, 2016, 38（3）: 272-279.

[28] Hatta T, Iwahara A, Ito E, et al. The relation between cognitive function and UI in healthy, community-dwelling, middle-aged and elderly people[J]. Archives of Gerontology & Geriatrics, 2011, 53（2）: 220.

A Comparison of Elderly and Non-Elderly's Needs and Satisfaction in Online Medical Platforms—The Case of "ChunYu Doctor"

ZHAO Ying[1], LI Jia[1], ZHOU Liang[1], LI Fangfei[2]

（1. School of Public Administration, Sichuan University, Chengdu 610065, China）

（2. School of Information, Renmin University of China, Beijing 100872, China）

Abstract The scarcity of medical resources and the rapidly growing medical service demand in China have resulted in a major social issue. As the elderly population increases, the imbalance between supply and demand of medical resources further aggravates. With the advent of the "Internet +" era, online medical services can provide a potential solution to the supply shortage. However, at present, the active users of online medical platform are mainly non-elderly users, and the participation of elderly users is not high. As a result, the potential of online medical platform in alleviating the imbalance between supply and demand of medical resources has not been fully realized. To mend this "elderly medical gap", this paper studies the case of "ChunYu Doctor" for the purpose of understanding how elderly and non-elderly users differ in medical demands and service satisfaction levels. Based on the study, we propose constructive measures towards improving online medical platforms for elderly users. Our goal is to promote a broad application of online medical services among the elderly population, to meet the medical needs of the elderly, and to alleviate the gap between the needs of growing elderly population and inadequate medical resources.

Key words　Online medical platform，Elderly users，User evaluation

作者简介

赵英（1968—），女，四川大学公共管理学院教授，研究方向：信息管理、信息无障碍等。E-mail：zhaoying@scu.edu.cn。

李佳（1995—），女，四川大学公共管理学院 2017 级硕士研究生，研究方向：信息系统。E-mail：lijia.ada@foxmail.com。

周良（1985—），男，四川大学公共管理学院助理研究员，研究方向：在线个性化定制、用户信息行为分析等。E-mail：zhouliang_bnu@163.com。

李芳菲（1995—），女，中国人民大学信息学院 2018 级硕士研究生，研究方向：医养结合、智慧医养等。E-mail：1772374950@qq.com。

基于使用行为分析的共享单车管理优化研究*

傅　哲[1]，辛泓润[2]，余　力[1]，徐冠宇[3]

（1.中国人民大学 信息学院，北京 100872）

（2.北京邮电大学 国际学院，北京 100876）

（3.北京理工大学 徐特立学院，北京 100081）

摘　要　近年来，共享单车作为一种典型的共享经济应用的代表，越来越受到大众的欢迎，如何基于用户的使用行为分析来对共享单车管理进行优化是未来共享单车发展的重要问题。本文以 2016~2017 年纽约市的 Citi Bike 共享单车的使用作为研究数据集，从时间和空间的维度详细分析全市各区域内共享单车的使用行为及特点；采用长短期记忆（long short-term memory，LSTM）神经网络预测分析各站点在高峰时段的共享单车存量和净流入量情况；在此基础上，针对共享单车时空的分布失衡问题，采用运筹学中的运输问题模型，研究高峰时段的调度策略，探索共享单车在各站点间调度的最小代价方案，以缓解共享单车时空分布失衡的问题。本文研究对优化共享单车管理具有一定借鉴意义。

关键词　共享单车，管理优化，LSTM 神经网络，运输模型，预测

中图分类号　TP311

1　引言

随着智能手机的兴起，共享单车已经成为城市中一种重要的交通工具。截至 2017 年，中国公共自行车系统的分布在全世界排名第一，许多城市都有一个或者多个互相竞争的共享单车项目。随着共享单车规模的进一步扩大，提升和优化共享单车的管理成为当今共享单车应用的关键[1]。

共享单车管理的研究起步于 2010 年前后，现在随着共享单车在全世界范围的快速推广，共享单车运营管理与优化也开始越来越受到关注[2-4]。在共享单车使用情况的分析和站点车辆平衡策略研究方面，Raviv 等针对需求不确定性和站点容量限制而导致的不平衡性[5]，提出了两种站点共享单车再平衡策略，分别是利用夜间共享单车使用率低的时间段，进行静态的自行车重分配，以及在白天进行动态的自行车重分配，基于 SBRP（school bus routing problem，校车路径问题）模型来寻找调度共享单车数量计划的路线规划方案；O'Mahony 和 Shmoys 提出在每天用车高峰时段进行实时调度的再平衡策略[6]；宋明珠把共享单车的调度问题类比为旅行商问题（travelling salesman problem，TSP），通过蚁群算法来搜索共享单车车辆调度的最短路径[7]。但相对来说，上述研究多是从在不平衡状态发生后实施调度策略的角度出发，目前还缺乏在不平衡状态发生前进行预测和提前调度的研究。同时，除了传统的线性回归模型[8]，越来越多的研究者现在也开始应用机器学习模型[9]对共享单车的使用情况进行预测，如贝叶斯网络[10]、K 邻近算法[11]、ARIMA（autoregressive integrated moving average，差分自回归移动平均）模型[12]等，但是总体上使用的模型方法比较简单，也没有充分考虑用户使用共享单车行为的时间特点和空间特点。

---

* 基金项目：国家自然科学基金项目（71271209，71331007）。

通信作者：余力，中国人民大学信息学院，副教授，E-mail：buaayuli@ruc.edu.cn。

　　本文在对共享单车用户使用行为的时间维度和空间维度进行分析的基础上，对未来一段时间内共享单车使用状况进行预测，并预先采取调度策略来优化共享单车的管理。

　　本文通过对纽约市共享单车使用数据的分析，探索影响其使用数量的主要因素，并基于探索到的影响因素，对未来共享单车的使用数量进行预测并进行站点间的车辆调度。本文首先对数据从时空维度进行使用分析，寻找主要的影响因素并据此设计基于 LSTM 神经网络的共享单车预测模型。之后针对预测结果所反映出的共享单车站点间数量不平衡的情况，采用有转运的运输问题模型，对共享单车站点间的车辆调度提出优化策略，并进行实验验证。本文整体框架如图 1 所示。

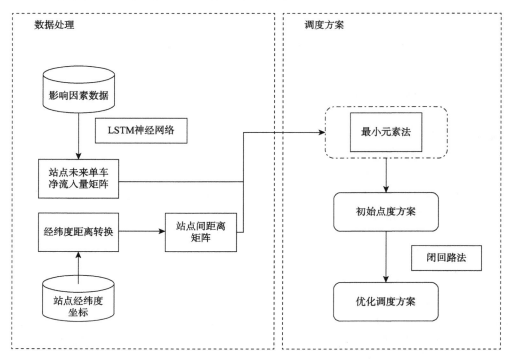

图 1　本文整体框架

　　本文组织如下：第 2 节，简要介绍共享单车数据集；第 3 节，分别从时间维度和空间维度对共享单车的使用行为进行较为详细的分析，并总结影响共享单车使用的关键因素；第 4 节，构建 LSTM 神经网络模型，对共享单车使用进行预测，并与其他算法进行比较；第 5 节，采用运输问题模型建立共享单车调度模型，并进行实证优化。

2　共享单车数据集

　　本文采用的是 2016 年 9 月~2017 年 9 月纽约市 Citi Bike 的共享单车使用的历史数据[①]，该数据集包含了该市所有使用 Citi Bike 共享单车的详细记录，包括起始时间、起始站编号、起始站的经度和纬度等，同时，我们还获取了同时段的纽约天气数据。具体数据属性如表 1 和表 2 所示。

---

① http://www.citibikenyc.com/system-data。

表 1   纽约市 Citi Bike 共享单车数据属性表

属性列	描述
start time	租用共享单车的起始时间
stop time	租用共享单车的停止时间
start_station_ID	起始站 ID 编号
start_station_longitude	租用共享单车的起始站点经度
start_station_latitude	租用共享单车的起始站点纬度
end_station_ID	终点站 ID 编号
end_station_longitude	租用共享单车的借车站点经度
end_station_latitude	租用共享单车的还车站点纬度

表 2   天气数据属性表

属性列	描述
times	日期
max_temperature_F	当日最高温
min_temperature_F	当日最低温
precipitation	降水量

3   基于时空视角的共享单车使用分析

为准确建立共享单车的使用流量数据,分析影响共享单车使用的关键因素是基础。本节我们从时间、空间两个维度对共享单车的使用进行较为具体的分析。

3.1   时间维度的共享单车使用分析

从时间维度进行分析,可以发现共享单车在各个时间段的使用情况。不同时间粒度的时间维度分析可以反映不同的影响因素。具体来讲,通过对共享单车单日的使用情况进行分析,可以观察共享单车每天的使用是否存在极度不平衡的高峰时段;通过对共享单车单月的使用情况进行分析,可以观察共享单车的使用是否受天气因素变化的影响;通过分析共享单车一年内各月的使用情况,可以观察共享单车的使用是否受到温度因素变化的影响。基于上述三个方面的考虑,本文接下来进行详细的时间维度分析。

3.1.1   单日的使用分析

在已知各个共享单车站点各时段的借车与还车数量的条件下,一个站点在短时间内是否会出现用车紧张的情况,主要取决于该站点在单位时间内的借车数量。图 2 是沿时段轴的方向进行观察的纽约市 1 月每天每小时的共享单车使用总量的变化情况图。可以发现,2017 年 1 月每天共享单车的使用总量有两个非常明显的波峰,也就是存在两个非常显著的用车高峰时段,在图中分别是 8:00~9:00 和 18:00~19:00 两个时间段,可以推断这两个时间段是用车最紧张的时候。

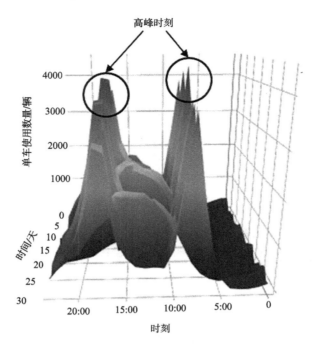

图 2　2017 年 1 月在不同时段共享单车总体使用情况

3.1.2　单月的使用分析

进一步研究各天共享单车使用数量的差别，以 2017 年 1 月为例，我们将图 2 调整为沿日期轴的方向进行分析的纽约市 2017 年 1 月每天的共享单车使用总量的变化情况图，如图 3 所示。

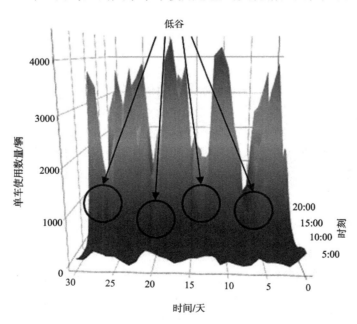

图 3　2017 年 1 月在不同日期共享单车总体使用情况

可以观察到，并不是每一天的共享单车使用总量都能保持在高位，其中有几天的共享单车使用数量相较于其他各天明显偏低。为了进一步探索原因，我们采用纽约 2017 年 1 月的天气数据进行分析。我们对共享单车使用数量和天气相关指标进行相关性检验。结果显示，降水量（包括降雨量、降雪量和地面结冰量）与共享单车使用数量的相关系数达到-0.61，呈较强的负相关关系。这在一定程度上说明降水量对共享单车的使用有着比较显著的影响。因此，我们把降水量作为共享单车预测和调度优化的依据之一。

3.1.3 各月的使用情况分析

进一步考察不同月份共享单车的使用情况，我们分析了 2016 年 9 月~2017 年 9 月一年内各月的共享单车使用情况，如图 4 所示。

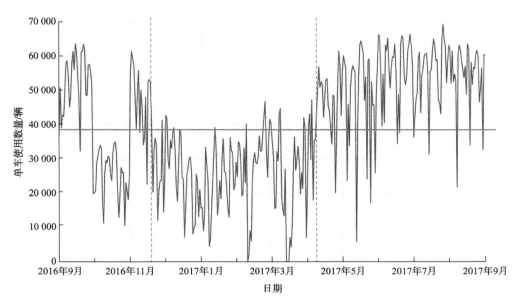

图 4　2016 年 9 月~2017 年 9 月各月共享单车使用情况

如图 4 所示，在 2016 年 9 月~2017 年 9 月各月的共享单车使用数量统计中，使用数量在 2016 年 11 月~2017 年 4 月约五个月的时间段中，大都少于 4 万辆，而其余时间使用数量大都大于 4 万辆。实际上不难发现，中间五个月正好进入冬季降温的时段，使用数量明显小于其他时间。为此，我们对每月的气温（最高温和最低温）与当日共享单车使用数量进行相关分析。结果显示，最高温、最低温与共享单车使用数量的相关系数分别为 0.90 和 0.88，呈较强的正相关关系，这说明气温是影响共享单车使用数量的一个重要因素。因此，我们把每日的气温也作为影响因素纳入后文对共享单车使用数量的预测和投放量的优化方案中来。

3.2　空间维度的共享单车使用分析

从空间维度对共享单车的使用情况进行分析，可以了解不同地域共享单车使用情况的差异，为共享单车的区域调度提供参考。图 5（a）和图 5（b）给出了 2017 年 1 月 20 日 8:00~9:00、18:00~19:00 两个用车高峰时段的借车量从大到小排名前十的站点分布图。

从图 5 的展示结果来看，在早高峰和晚高峰时段，共享单车使用数量大的站点主要集中在 ID 为 521、519 和 318 的站点附近。可以看出，站点也是影响共享单车使用数量的重要因素之一。

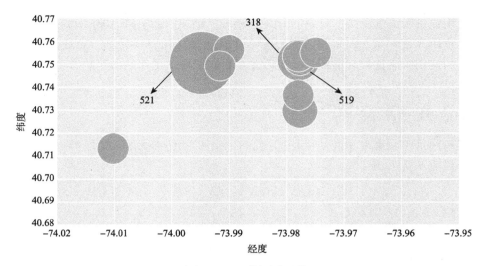

（a）8:00~9:00 借车密集区域

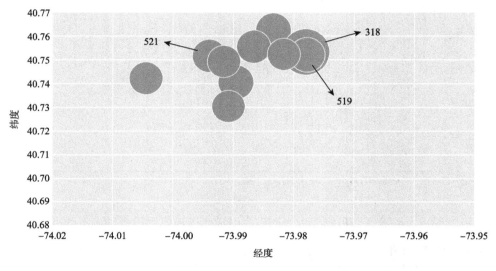

（b）18:00~19:00 借车密集区域

图 5　高峰时段借车量前十站点分布图

3.3　影响共享单车使用的关键因素

通过从时间维度和空间维度对 Citi Bike 数据进行分析后，我们发现了 5 个影响共享单车使用的关键因素，分别是每天的时间段、降水量、最高温、最低温、站点。这些关键因素将作为特征变量，输入后文构建的共享单车深度预测模型中。

4　基于 LSTM 神经网络的共享单车流量预测

4.1　预测模型设计

根据第 3 节对共享单车使用数据的分析可以发现，共享单车的数据存在一定的周期性，每间隔一段时间会出现用车的高峰时段。在训练时，需要记忆类似高峰时段这类时间间隔长的长期信息。LSTM 神经网络是近年来广为使用的一种特殊的循环神经网络（recurrent neural network，RNN），广泛用于具有时间维度信息的预测。

相较于 RNN 的算法，LSTM 加入了一个用于判断信息是否有用的遗忘门（forget gate），它可以调节存储单元的自递归连接，允许细胞根据需要记住或忘记其先前状态，使 LSTM 神经网络可以对间隔大的长期数据中的一些特征进行记忆，遗忘门函数为

$$f_t = \sigma\left(W_f x_t + U_f h_{t-1} + b_f\right)$$

式中，x_t 为 t 时刻的共享单车影响因素向量；W_f、U_f 为权重矩阵；h_{t-1} 为 $t-1$ 时刻的隐藏层输出向量；b_f 为偏移量。其中，由前 $t-1$ 时刻生成的隐藏状态 h_{t-1}，是一个用于记录 $t-1$ 时刻影响共享单车使用的重点因素的向量。在当前时刻 t 中，h_{t-1} 通过遗忘门重新调整长期记忆中各个影响因素的权重，判断需要弱化记忆的因素和需要强化记忆的因素，进而将时刻 $t-1$ 的信息记录到长期记忆中，并形成新的长期记忆。LSTM 单元的内部结构如图 6 所示。

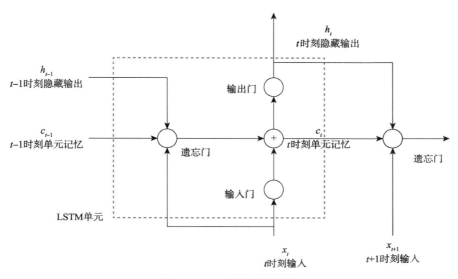

图 6　LSTM 单元内部结构

本文使用 LSTM 神经网络的方法，对已有数据集进行训练并对未来时间点的情况做出预测，基于 LSTM 神经网络的预测模型如图 7 所示。

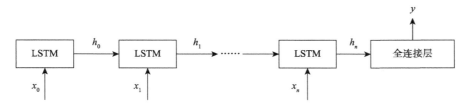

图 7　基于 LSTM 神经网络的预测模型

共享单车的预测模型算法流程如图 8 所示，首先将共享单车数据与天气数据进行拼接；其次对拼接后的数据做归一化处理，并通过将时间序列向前移动一个时间步长的方式，把时间序列问题转换为有监督的学习问题；最后将处理后的数据输入基于 LSTM 神经网络的预测模型中进行预测。

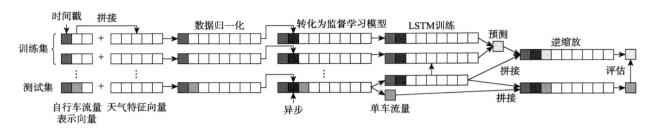

图 8　预测模型算法流程

4.2　共享单车使用流量预测实验

4.2.1　实验设计

由于共享单车站点的调度量首先取决于该站点的净流入，即某站点的一定时间和区间的还车数减去借车数，本文将会选取纽约市 2016 年 9 月~2017 年 8 月的数据作为训练集，对各站点的净流入量的数值进行预测，并将 2017 年 9 月的数据作为测试集进行检验。

为了评测 LSTM 的预测效果，本文设置三个对照组进行实验。

（1）ARIMA。ARIMA 模型是一种经典的时间序列预测模型，只学习共享单车数量的时序变化，对比增加了五种影响因素的 LSTM 预测模型，检验 LSTM 预测模型是否有更好的预测效果。

（2）RNN。RNN 结构与 LSTM 基本类似，可以很好地处理时序问题，但是缺少遗忘机制，无法有效地记忆长期的信息。将 RNN 与 LSTM 神经网络进行对照，检验 LSTM 预测模型的遗忘机制在共享单车预测中是否具有优势。

（3）RBF[①]。RBF 神经网络是适用于非线性情况下的预测模型。将 RBF 神经网络与擅长处理时序问题的 LSTM 进行对比，检验适用于时序问题的 LSTM 预测模型是否比处理非时序问题的 RBF 神经网络更有效。

为了评测结果，本文定义了预测的准确率 P：

$$P = \frac{C}{S}$$

式中，C 为预测的使用数量与测试集的实际使用数量相等的个数；S 为该站点测试集的总数量。本文通过比较四个模型对各个站点的预测结果的平均准确率与均方根误差来评测预测的效果。

4.2.2　实验结果

为了进行实验，本文同时采用同样适用于时序问题预测的 RNN、适用于非线性数据预测的 RBF 神经网络，以及传统的 ARIMA 模型进行预测，并与 LSTM 神经网络的预测效果进行对比。最后将预测结果与测试集进行比较，表 3 展示了四种模型预测结果的平均准确率和均方根误差。

表 3　神经网络预测效果对比表

模型	平均准确率	均方根误差
LSTM	55.7%	2.42
RNN	47.2%	2.49
RBF	6.4%	6.60
ARIMA	55.2%	2.45

---

① RBF，radical basis function，表示径向基函数。

通过四种方法的对比可以看出，LSTM 神经网络预测结果的平均准确率和均方根误差都是其中效果比较好的，因此后文对站点 2017 年 9 月 1 日的净流入量进行预测时，采用基于 LSTM 神经网络的预测模型进行预测。

5　基于运输问题模型的调度策略

5.1　调度模型的建立

基于站点净流量的预测，我们可以对高峰时段的共享单车进行有效调度。一般来讲，调度主要从调度成本的角度来考虑，也就是调出站点距离调入站点越近，成本越少、效率也越高。对于某个未来的时间点，在已知周围各个站点共享单车的预测存量的情况下，可以近似将车辆的调度问题看成是一个产品的运输问题。

对于运输问题的经典描述是：设某种产品有 m 个生产地点 $P_1, P_2, \cdots, P_m$，各个生产地点的生产量分别是 $p_1, p_2, \cdots, p_m$；又有 n 个销售地点 $S_1, S_2, \cdots, S_n$，各个销售地点的销售量分别是 $s_1, s_2, \cdots, s_n$。假设从生产地点 P_i 向销售地点 S_j 运输单个产品的运输成本是 c_{ij}，寻找最优的方案使产品从生产地点运输到销售地点的运输成本最小。表 4 为调度运输问题的模型。

表 4　调度运输问题的模型

调度		调出站点		调入站点		调出量
		1　$\cdots$　m		$m+1$　$\cdots$　$m+n$		
调出站点	1	0　$\cdots$　c_{1m}		$c_{1,m+1}$　$\cdots$　$c_{1,m+n}$		$Q+p_1$
	$\vdots$	$\vdots$　　$\vdots$		$\vdots$　　　$\vdots$		$\vdots$
	m	c_{m1}　$\cdots$　0		$c_{m,m+1}$　$\cdots$　$c_{m,m+n}$		$Q+p_m$
调入站点	$m+1$	c_{11}　$\cdots$　c_{1m}		0　$\cdots$　$c_{1,m+n}$		Q
	$\vdots$	$\vdots$　　$\vdots$		$\vdots$　　　$\vdots$		$\vdots$
	$m+n$	c_{m1}　$\cdots$　c_{nm}		$c_{m,m+1}$　$\cdots$　0		Q
调入量		Q　$\cdots$　Q		$Q+s_{m+1}$　$\cdots$　$Q+s_{m+n}$		

为了使运输问题适用于单个站点共享单车的调度问题，本文对运输问题的描述进行了改进。将周围调出共享单车的调出站点看作生产地点，调入共享单车的调入站点看作销售地点，调出单车的调出站点到调入站点间的距离作为运输成本，并试图寻找最优的方案，使共享单车从调出站点到调入站点之间的运输总距离最小。假设车辆调出站点的富余单车总量大于等于调入站点的需求数量，即有

$$\sum_{i=1}^{m} p_i \geqslant \sum_{j=1}^{n} s_j$$

因此，可以将共享单车的车辆调度问题用如下的数学模型表示

$$\min z = \sum_{i=1}^{m}\sum_{j=1}^{n} c_{ij} x_{ij}$$

$$
\begin{cases}
\sum_{j=1}^{n} x_{ij} \leqslant p_i \left(i = 1, 2, \cdots, m \right) \\
\sum_{i=1}^{m} x_{ij} = s_j \left(j = 1, 2, \cdots, n \right) \\
\qquad x_{ij} \geqslant 0
\end{cases}
$$

同时，我们考虑到，在调度单车时，最经济的方案并不是直接将各个站点的富余单车运往调入站点，而是中间需要经过其他站点转运，然后再运输到调入站点。这样，就将原来的运输问题拓展为有转运的运输问题。假设站点的转运成本忽略不计，将车辆调出站点与车辆调入站点统一编号，并将车辆调入站点编号排在调出站点的前面。

令 x_{ij} 代表第 i 个调出站点运输到第 j 个调入站点的共享单车数量，Q 代表共享单车需求量，则共享单车调度运输问题如表 5 所示。

表 5　共享单车调度运输问题

调度		调出站点		调入站点		调出量
		1 　$\cdots$　 m		$m+1$ 　$\cdots$　 $m+n$		
调出站点	1 $\vdots$ m	x_{11} 　$\cdots$　 x_{1m} $\vdots$　　$\vdots$ x_{m1} 　$\cdots$　 x_{mm}		$x_{1,m+1}$ 　$\cdots$　 $x_{1,m+n}$ $\vdots$　　$\vdots$ $x_{m,m+1}$ 　$\cdots$　 $x_{m,m+n}$		$Q+p_1$ $\vdots$ $Q+p_m$
调入站点	$m+1$ $\vdots$ $m+n$	x_{11} 　$\cdots$　 x_{1m} $\vdots$　　$\vdots$ x_{m1} 　$\cdots$　 x_{mm}		$x_{1,m+1}$ 　$\cdots$　 $x_{1,m+n}$ $\vdots$　　$\vdots$ $x_{m,m+1}$ 　$\cdots$　 $x_{m,m+n}$		Q $\vdots$ Q
调入量		Q 　$\cdots$　 Q		$Q+s_{m+1}$ 　$\cdots$　 $Q+s_{m+n}$		

5.2　两阶段调度求解过程

根据有转运的运输问题模型求解的基本思路，我们提出两阶段调度求解算法，如表 6 所示。该算法总体包含两个阶段：首先采用最小元素法计算初始调度方案；其次采用闭回路法计算优化调度方案。

表 6　基于运输问题模型的共享调车调度求解算法

#第一步：最小元素法计算初始调度方案
Input: Station：站点集合
　　　　S_i：站点 i 的单车供给量
　　　　D_j：站点 j 的单车需求量
Output: 站点 i 到站点 j 的调度策略 res_{ij}
　　1. for i, j ∈ Station do
　　2. 　if s_i > d_j 　then
　　3. 　　　res_{ij} ← d_j
　　4. 　else
　　5. 　　　res_{ij} ← s_i

#第二步：闭回路法计算优化调度方案
Input: 　Ires：最小元素法获得的初始调度策略矩阵
　　　　　Cost：运输成本矩阵
　　　　　Station：站点集合
Output: 优化后的调度策略矩阵 Nres
　　1. for i, j, x, y ∈ Station do
　　2. 　对 $Ires_{ij}$, $Ires_{xy}$, $Ires_{iy}$, $Ires_{xj}$ 进行排序
　　3. if $Ires_{xy}$=0 or $Ires_{ij}$=0 then
　　4. 　对 $Ires_{xj}$, $Ires_{iy}$ 排序，并取最小值 min 进行调整
　　5.计算调整后的成本 d

6. if d > 0 then
7. 　代入 min 值对 Ires 进行调整得到 Nres
8. else if res$_{xj}$=0 or res$_{iy}$=0 then
9. 　对 Ires$_{xy}$, Ires$_{ij}$ 排序，并取最小值 min 进行调整
10.计算调整后的成本 d
11. if d > 0 then
12. 　代入 min 值对 Ires 进行调整得到 Nres

5.3 共享单车调度实证研究

首先选取纽约市 2016 年 9 月~2017 年 8 月的数据作为训练集对神经网络进行训练。根据上文对影响因素的分析，选取这几个月中每天的时间段、降水量、最高温、最低温、站点五个因素作为特征，按照站点顺序对数据用 LSTM 神经网络进行训练拟合，并对 1 小时内共享单车站点的共享单车净流入量进行预测。

为了便于检验，本文随机选取距离 ID 为 521 的站点 150 米范围内的 5 个活跃的站点作为研究样例，以 ID 为 457、520、447、402、521 的站点为例，利用纽约 2016 年 9 月~2017 年 8 月的共享单车数据，对这些站点在 2017 年 9 月 1 日上午 8：00~9：00 的共享单车净流入量进行预测。同时，我们通过查阅美国国家气象局 2017 年 9 月的数据可知，2017 年 9 月 1 日当日的气温最低温为 55 华氏度（约 12.8 摄氏度），最高温为 71 华氏度（约 21.7 摄氏度），降水量为 0，通过 LSTM 神经网络拟合后预测的该时段繁忙站点共享单车净流入量如表 7 所示。

表 7　2017 年 9 月 1 日繁忙站点共享单车净流入量预测值表

站点 ID	净流入量预测值
457	11
520	12
447	−1
402	12
521	−33

通过检验可以发现，ID 为 447 和 521 的站点在 8：00~9：00 的时候会出现共享单车大量流出而导致的紧缺状况，属于调入站点；而 ID 为 520、402 和 457 的站点则会出现共享单车流入富余的状况，属于调出站点。首先将各个站点间的距离填入站点间运输距离代价表（表 8）中。

表 8　站点间运输距离代价表

站点距离/米		调出站点			调入站点		调出量
		520	402	457	447	521	
调出站点	520	0	150	56	60	131	46
	402	150	0	178	152	72	46
	457	56	178	0	30	135	45
调入站点	447	60	152	30	0	104	34
	521	131	72	135	104	0	34
调入量		34	34	34	35	67	

利用最小元素法给出初始的调度方案，由于这是一个供销不平衡问题，本文需要增加一个假想的调入站点 B。利用闭回路法对上解进行检验和优化，在经过 1 次迭代后，得到最优解，如表 9 所示。

表 9　最终调度方案表

单车调度/辆		调出站点			调入站点			调出量
		520	402	457	447	521	B	
调出站点	520	35	0	0	0	12	0	47
	402	0	35	0	0	12	0	47
	457	0	0	35	10	0	1	46
调入站点	447	0	0	0	26	9	0	35
	521	0	0	0	0	35	0	35
	B	0	0	0	0	0	35	35
调入量		35	35	35	36	68	36	

因此总调度代价为

$$z = c_{15}x_{15} + c_{25}x_{25} + c_{34}x_{34} + c_{36}x_{36} + c_{45}x_{45}$$
$$= 12 \times 131 + 12 \times 72 + 10 \times 30 + 1 \times 0 + 9 \times 104$$
$$= 3672 (\text{米})$$

此时，最优的共享单车调度方案是：由 ID 为 402 的站点直接运送 12 辆共享单车到 ID 为 521 的站点；由 ID 为 520 的站点直接运送 12 辆共享单车到 ID 为 521 的站点；由 ID 为 457 的站点先运送 10 辆共享单车到 ID 为 447 的站点，再由 ID 为 447 的站点转运 9 辆共享单车到 ID 为 521 的站点。

进一步，将上述调度算法用代码实现，并拓展到纽约市所有的共享单车站点上，最终得到站点间最优调度算法，并得出了站点间车辆调度数量大于 15 的调度策略。

6　结论

本文为优化共享单车的管理，着力研究了区域中存在的共享单车时空分布不均衡的问题，在此问题的基础上利用人工神经网络，建立了站点内共享单车存量和净流入量的预测模型，并选取了研究样例进行测试研究，最终在预测结果的基础上寻找出车辆调度优化的方案。本文的主要结论有：①在进行站点共享单车数量预测前，对影响站点共享单车使用数量变化的时空特点进行分析，并最终找到了时间段、最高温、最低温、降水量、站点五个对共享单车使用数量有显著影响的因素。②在找到了影响站点共享单车使用数量的五个因素后，对比 LSTM 神经网络、RNN、RBF 神经网络及纯时序的 ARIMA 四种模型，对未来各时间段的各个站点共享单车净流入量进行预测，并发现 LSTM 神经网络的预测效果最佳。③在通过人工神经网络预测出各站点的共享单车的净流入量后，根据区域内各个站点的共享单车使用情况，类比于有转运的运输问题，利用最小元素法和闭回路法求解车辆调度的路径策略。但本文在研究纽约市共享单车调度方案时，忽略了城市中具体的道路状况对调度代价的影响。同时在考虑夜间车辆再平衡策略时，没有考虑一个站点的共享单车存放数量有限的情况。

参 考 文 献

[1] Shaheen S，Guzman S. Worldwide bikesharing[J]. Access Magazine，2011，1（39）：22-27.

[2] Shaheen S，Guzman S，Zhang H. Bikesharing in Europe，the Americas，and Asia：past，present，and future[J]. Transportation Research Record：Journal of the Transportation Research Board，2010，1（2143）：159-167.

[3] Shaheen S，Zhang H，Martin E，et al. China's Hangzhou public bicycle：understanding early adoption and behavioral response to bikesharing in Hangzhou，China[J]. Transportation Research Record，2011（2247）：33-41.

[4] DeMaio P. Bike-sharing：history，impacts，models of provision，and future[J]. Journal of Public Transportation，2009，12（4）：41-56.

[5] Raviv T，Tzur M，Forma I A. Static repositioning in a bike-sharing system：models and solution approaches[J]. EURO Journal on Transportation and Logistics，2013，2（3）：187-229.

[6] O'Mahony E，Shmoys D B. Data analysis and optimization for（Citi）bike sharing[C]. Austin：Twenty-Ninth AAAI Conference on Artificial Intelligence，2015：687-694.

[7] 宋明珠. 公共自行车调度模型理论分析与案例研究[D]. 北京：清华大学，2014.

[8] Singhvi D，Singhvi S，Frazier P I，et al. Predicting bike usage for New York city's bike sharing system[C]. Austin：Twenty-Ninth AAAI Conference on Artificial Intelligence，2015：110-114.

[9] 周志华. 机器学习[M]. 北京：清华大学出版社，2016：97.

[10] Froehlich J，Neumann J，Oliver N. Sensing and predicting the pulse of the city through shared bicycling[C]. Pasadena：21st IJCAI，2009：1420-1426.

[11] Liu J M，Sun L L，Chen W W，et al. Rebalancing bike sharing systems：a multi-source data smart optimization[C]. San Francisco：SIGKDD International Conference on Knowledge Discovery and Data Mining，2016：1005-1014.

[12] Kaltenbrunner A，Meza R，Grivolla J，et al. Urban cycles and mobility patterns：exploring and predicting trends in a bicycle-based public transport system[J]. Pervasive and Mobile Computing，2010，6（4）：455-466.

Management and Optimization of Shared Renting Bicycle Based on User Behavior Analysis

FU Zhe[1]，XIN Hongrun[2]，YU Li[1]，XU Guanyu[3]

（1. School of Information，Renmin University of China，Beijing 100872，China）

（2. International School，Beijing University of Posts and Telecommunications，Beijing 100876，China）

（3. Xu Teli School，Beijing Institute of Technology，Beijing 100081，China）

Abstract　In recent years，as a typical representative of sharing economy application，renting bicycle is more and more popular. It is key issue about how to analyze the behavior of users based on the use of shared bicycle to improve their management. In this paper，we will focus on the problem of unbalanced distribution of bicycles in the region. We will use LSTM network to train and forecast the data of Citi Bike and use the minimum element method to find the most minimum cost scheme. The research contents includes the follows：Exploring the distribution characteristics of shared bicycles in time and space；Using LSTM neural network to predict the stock and net inflow of shared bikes in stations during peak hours；Based on the forecast of the use of bicycles in each station，finding the scheduling strategy of peak season. Through the study of the results of the New York Citi Bike，we can not only further optimize the operation of the bike sharing management and alleviate the problem of unbalanced distribution of sharing bicycle，but share the experience to operation of China's bike sharing system as well.

Key words　Sharing renting bicycle，Management and optimization，LSTM neural network，Transportation modeling，Prediction

作者简介

傅哲（1995—），男，中国人民大学信息学院硕士研究生，研究方向：管理信息系统、大数据分析。E-mail：fuzhe@ruc.edu.cn。

辛泓润（1997—），男，北京邮电大学国际学院本科生，研究方向：电子商务、信息管理。E-mail：xinhongrun@bupt.edu.cn。

余力（1973—），男，中国人民大学信息学院副教授、博士生导师，研究方向：大数据分析、信息管理、机器学习等。E-mail：buaayuli@ruc.edu.cn。

徐冠宇（1999—），男，北京理工大学徐特立学院本科生，研究方向：大数据分析、机器学习。E-mail：axuguanyu@163.com。

基于 PLSR-IBPSO 的有约束组合优化问题求解方法研究——以人机交互界面设计为例*

郭　伏，屈庆星

（东北大学 工商管理学院，辽宁 沈阳 110167）

摘　要　本文针对工程与管理领域中的有约束组合优化问题，考虑变量维数大且变量间存在多重相关性的因素，以及变量间有强约束关系的特点，建立新的符合实际问题的数学模型。运用偏最小二乘回归（partial least squares regression，PLSR）构建变量之间的回归模型，提出利用二进制粒子群算法优化变量 m 的 n 个水平，以期达到目标函数最优的要求，并依据求解问题的特殊性对该算法进行改进。制定新的初始种群产生策略，保证在可行解空间内进行寻优；引入动态惯性权重，保障算法具有更快的收敛性能；修改种群更新机制并加入判别函数，确保种群每次更新后都满足模型中的等式约束。通过算例和数值仿真分析，证实该算法是有效的，并能够得到较好的结果。

关键词　组合优化，PLSR，二进制粒子群算法，约束优化，产品设计优化

中图分类号　O224；TB472

1　引言

组合优化问题在管理实践中有着广泛的应用，同时是管理科学中的重要研究问题。组合优化是一种离散最优化问题，在规划、调度、资源分配、决策等问题中有着非常广泛的应用[1]。典型的组合优化问题有旅行商问题（traveling salesman problem，TSP）、背包问题（knapsack problem，KP）、装箱问题（bin packing problem，BPP）、聚类问题（clustering problem，CP）等。有约束组合优化问题（constrained combinatorial optimization problem，CCOP）是指在离散的、有限的数学结构上，怎样寻找一个（或一组）满足给定约束条件并使其目标函数值达到最优解的问题[2]。该问题广泛存在于工程与管理的各个领域，如产品设计优化、系统故障检测、超大规模集成电路和航班机组排班等，所以对该问题进行深入研究，具有重要的理论意义和应用价值。

文献研究表明，目前求解有约束组合优化问题的方法可分为精确算法和启发式算法。对于变量维数较小的有约束组合优化问题，传统的求解方法有隐枚举法[3]、分支定界法[4, 5]和割平面法[6-8]等，可以求得问题的精确解；对于变量维数较大的有约束组合优化问题，已被证明属于极强的 NP-Hard 问题[9]，传统方法将难以求解。已有学者应用遗传算法（genetic algorithm，GA）[10, 11]、蚁群优化（ant colony optimization，ACO）[12, 13]、模拟退火（simulated annealing，SA）[14, 15]、禁忌搜索（tabu search，TS）[16, 17]和粒子群优化（particle swarm optimization，PSO）[18, 19]等启发式算法求解规模较大的有约束组合优化问题，启发式算法虽不能保证求得问题的最优解，但因其求解速度快，可求得问题的近似最优解，被认为是解决

---

* 基金项目：国家自然科学基金（71771045，71471033）。

通信作者：屈庆星，东北大学工商管理学院，博士研究生，E-mail：yantaiquqingxing@163.com。

较大规模有约束组合优化问题的有效方法。

粒子群算法作为一种典型的启发式算法，已在各种组合优化问题中得到了广泛的应用，该算法最初由 Kennedy 和 Eberhart 提出[20, 21]，后来学者们针对该算法性能的局限性进行了改进和完善，以增加算法的精确度，加强算法的局部搜索能力和加快算法的搜索速度。Angeline 提出了一种基于锦标赛算子的选择机制，加快了粒子群算法的更新过程[22]；Angeline 将 GA 中交叉算子的思想引入粒子群算法中，避免了该算法的早熟现象，但算法的收敛速度较慢[23]；Kennedy 和 Mendes 提出了星形结构、环形结构和金字塔结构等不同的拓扑结构，用以改善粒子群算法的收敛速度[24]；Suganthan 提出了一种基于动态邻域的粒子群算法，进一步提高了算法的性能，避免了算法过早收敛的现象[25]。

虽然启发式算法能够较好地解决较大规模的有约束组合优化问题，但大多数仍采用实数域方法进行取整运算[26]。这种方法在一些测试实例中取得了较好的结果，但是在另外一些测试实例中很难取得好的结果[27]。对于离散变量的组合优化问题，Kennedy 和 Eberhart 在粒子群算法的基础上发展了二进制粒子群算法（binary particle swarm optimization，BPSO）来解决这一类问题[28]。虽然 BPSO 可以保证求得问题的最优解为整数解，但其产生的初始种群很难保证在可行解空间内，该算法容易掉入局部最优解陷阱，并且可行解无法确保满足约束条件。

本文针对 BPSO 在求解有约束组合优化问题时的局限性，通过制定新的初始种群产生策略，引入动态惯性权重，修改种群更新机制并加入判别函数，提出一种在整数可行解中直接进行进化计算的改进二进制粒子群算法（improved binary particle swarm optimization，IBPSO），该方法保证了粒子群在进化过程中始终被控制在整数可行解空间内，避免了不必要的实数域搜索，加快了收敛速度。本文通过算例和数值仿真分析，证实该算法是有效的，并能够得到较好的结果。

2　问题描述与数学模型

有约束组合优化问题求解目标是从有限个或可数无限个离散解的集合中求出最优解。一般表示为：令 $X = \{x_1, x_2, \cdots, x_D\}$ 为 D 维的可行解空间，$f(S)$ 表示自变量处于 S 状态时对应的目标函数值，目标是寻找最优解 S^*，满足 $f(S^*) = \max f(S)$ 或 $f(S^*) = \min f(S)$，其中 $S^* \in X$，本文以 $f(S^*) = \max f(S)$ 为最优解。

一般来说，有约束组合优化问题往往伴有大量的局部极值点，并且是不可微的、不连续的、多维的和高度非线性的 NP-Hard 问题。从理论上来讲，如果 $X = \{x_1, x_2, \cdots, x_D\}$ 是有限集合的话，只要在可行解空间内遍历所有的组合，就能找到最优解。然而，随着问题规模的扩大，X 中可行解的个数会呈指数增长，很难在多项式时间内获得问题的最优解。本文以 0-1 有约束组合优化问题为例，研究在约束条件下求解组合优化问题最优解的有效算法，构建的目标函数为

$$\max f(X) = \max\left(\sum_{n=1}^{N_1} x_{1n}\tau_1 + \sum_{n=2}^{N_2} x_{2n}\tau_2 + \cdots + \sum_{n=1}^{N_M} x_{Mn}\tau_M\right) \tag{1}$$

约束条件：

$$\sum_{n=1}^{N} x_{mn} = 1, \quad x_{mn} = 0 \text{ 或 } 1 \tag{2}$$

其中，$m = 1, 2, \cdots, M$ 表示第 m 个项目；$n = 1, 2, \cdots, N$ 表示第 m 个项目的第 n 个水平；τ_m 表示第 m 个项目 n 个水平的系数向量。同时令

$$x_{mn} = \begin{cases} 1, & \text{项目} m \text{的水平} n \text{被选入} \\ 0, & \text{其他} \end{cases}$$

满足约束条件的可行解 x_{mn} 可写成列向量形式，即解向量，上述目标函数的一个可行解向量如下：

$$x_{mn} = [10101001010101010010101010100101010100]^{\mathrm{T}}$$

3 目标函数构建

在工程与管理领域，常会遇到一些自变量个数多、可获取变量观察值样本数量少，并且自变量之间存在多重相关性的回归建模问题。考虑变量维数大且变量间存在多重相关性的因素，以及变量间有强约束关系的特点，运用 PLSR 构建有约束组合优化问题的目标函数，可以有效地解决自变量之间的多重相关性问题，适合在样本个数小于自变量个数的情况下进行回归建模分析。当自变量个数多、可获取变量观察值样本个数少时，尤其当自变量个数大于样本个数时，其他统计分析方法此时已无法适用，而该方法仍然相当有效。

3.1 PLSR 的基本思想

PLSR 的基本思想如下。假设有 q 个因变量 $y_1, y_2, \cdots, y_q$，p 个自变量 $x_1, x_2, \cdots, x_p$。首先，分别从自变量集合中提取成分 t_1，从因变量集合中提取成分 μ_1，并且要求 t_1 和 μ_1 的相关性达到最大。其次，建立因变量 $y_1, y_2, \cdots, y_q$ 与 t_1 的回归方程，如果回归方程已经达到满意的结果，则算法终止，否则将进行下一个成分的提取。最后，若从自变量集合最终提取 r 个成分 $t_1, t_2, \cdots, t_r$，通过建立 $y_1, y_2, \cdots, y_q$ 与 $t_1, t_2, \cdots, t_r$ 的回归方程，还原成 $y_1, y_2, \cdots, y_q$ 与 $x_1, x_2, \cdots, x_p$ 的回归方程。

3.2 PLSR 构建目标函数

PLSR 构建目标函数的具体步骤如下。

步骤 1：数据预处理。

不妨设，p 个自变量 $x_1, x_2, \cdots, x_p$ 与 q 个因变量 $y_1, y_2, \cdots, y_q$ 的标准化矩阵分别为 $E_\circ$ 与 $F_\circ$。

步骤 2：提取成分 t_1 和 μ_1。

t_1 是自变量集 $X = (x_1, x_2, \cdots, x_p)^{\mathrm{T}}$ 的线性组合，$t_1 = a_{11}x_1 + a_{12}x_2 + \cdots + a_{1p}x_p = a_1^{\mathrm{T}}X$；$\mu_1$ 是因变量 $Y = (y_1, y_2, \cdots, y_q)^{\mathrm{T}}$ 的线性组合，$\mu_1 = b_{11}y_1 + b_{12}y_2 + \cdots + b_{1q}y_q = v_1^{\mathrm{T}}Y$。要求 t_1 和 μ_1 尽可能多地提取变量信息，t_1 和 μ_1 的相关性达到最大。令 $\hat{t}_1$ 和 $\hat{\mu}_1$ 表示成分 t_1 和 μ_1 的得分向量，即

$$\hat{t}_1 = E_\circ a_1 = \begin{bmatrix} x_{11} & x_{12} & \cdots & x_{1p} \\ x_{21} & x_{22} & \cdots & x_{2p} \\ \vdots & \vdots & & \vdots \\ x_{i1} & x_{i2} & \cdots & x_{ip} \end{bmatrix} \begin{bmatrix} a_{11} \\ a_{12} \\ \vdots \\ a_{1p} \end{bmatrix} = \begin{bmatrix} \hat{t}_{11} \\ \hat{t}_{21} \\ \vdots \\ \hat{t}_{i1} \end{bmatrix} \qquad (3)$$

$$\hat{\mu}_1 = F_\circ b_1 = \begin{bmatrix} y_{11} & y_{12} & \cdots & y_{1q} \\ y_{21} & y_{22} & \cdots & y_{2q} \\ \vdots & \vdots & & \vdots \\ y_{i1} & y_{i2} & \cdots & y_{iq} \end{bmatrix} \begin{bmatrix} b_{11} \\ b_{12} \\ \vdots \\ b_{1q} \end{bmatrix} = \begin{bmatrix} \hat{\mu}_{11} \\ \hat{\mu}_{21} \\ \vdots \\ \hat{\mu}_{i1} \end{bmatrix} \qquad (4)$$

此外，成分 t_1 和 μ_1 的协方差 $\mathrm{Cov}(t_1, \mu_1)$ 可用 $\hat{t}_1$ 和 $\hat{\mu}_1$ 的内积来计算，因此，满足提取成分 t_1 和 μ_1 的两

个要求等价于以下条件极值问题：

$$\max \text{Cov}(t_1, \mu_1) = \max <\hat{t}_1, \hat{\mu}_1> = \max <E_\circ a_1, F_\circ b_1> = \max(a_1^{\text{T}} E_\circ^{\text{T}} F_\circ b_1) \tag{5}$$

$$a_1^{\text{T}} a_1 = \|a_1\|^2 = 1, \quad b_1^{\text{T}} b_1 = \|b_1\|^2 = 1 \tag{6}$$

性质 1　$\exists \theta = E_\circ^{\text{T}} F_\circ F_\circ^{\text{T}} E_\circ$，使 θ^2 为矩阵 $E_\circ^{\text{T}} F_\circ F_\circ^{\text{T}} E_\circ$ 的最大特征值，a_1 为该特征值对应的单位特征向量；同理，b_1 为对应于矩阵 $E_\circ^{\text{T}} F_\circ F_\circ^{\text{T}} E_\circ$ 最大特征值 θ^2 的单位特征向量。

步骤 3：建立回归方程

$$E_\circ = \hat{t}_1 \alpha_1^{\text{T}} + E_1 \tag{7}$$

$$F_\circ = \hat{\mu}_1 \beta_1^{\text{T}} + F_1 \tag{8}$$

其中，$\alpha_1 = (\alpha_{11}, \alpha_{12}, \cdots, \alpha_{1p})^{\text{T}}$，$\beta_1 = (\beta_{11}, \beta_{12}, \cdots, \beta_{1q})^{\text{T}}$ 表示回归方程中的系数向量；E_1 和 F_1 表示残差矩阵。α_1，β_1 的最小二乘估计为

$$\alpha_1 = \frac{\hat{t}_1}{\|\hat{t}_1\|^2} E_\circ^{\text{T}}, \quad \beta_1 = \frac{\hat{\mu}_1}{\|\hat{\mu}_1\|^2} F_\circ^{\text{T}} \tag{9}$$

步骤 4：用残差矩阵 E_1 和 F_1 分别代替 $E_\circ$ 和 $F_\circ$ 重复步骤 2 与步骤 3。

记 $\hat{E}_\circ = \hat{t}_1 \alpha_1^{\text{T}}$，$\hat{F}_\circ = \hat{\mu}_1 \beta_1^{\text{T}}$，则残差矩阵 $E_1 = E_\circ - \hat{E}_\circ$，$F_1 = F_\circ - \hat{F}_\circ$。如果残差矩阵 E_1 和 F_1 中元素的绝对值近似为 0，则认为用成分 t_1 和 μ_1 建立的回归方程已经达到满意的结果，可以停止抽取成分。否则用残差矩阵 E_1 和 F_1 代替 $E_\circ$ 和 $F_\circ$ 重复步骤 2 与步骤 3 继续提取新成分，建立回归方程。

步骤 5：建立 PLSR 方程。

不妨设分别从 $E_\circ$ 和 $F_\circ$ 中提取了 r 个成分 $t_1, t_2, \cdots, t_r$ 和 $\mu_1, \mu_2, \cdots, \mu_r$，使

$$E_\circ = \hat{t}_1 \alpha_1^{\text{T}} + \hat{t}_2 \alpha_2^{\text{T}} + \cdots + \hat{t}_r \alpha_r^{\text{T}} + E_r \tag{10}$$

$$F_\circ = \hat{\mu}_1 \beta_1^{\text{T}} + \hat{\mu}_2 \beta_2^{\text{T}} + \cdots + \hat{\mu}_r \beta_r^{\text{T}} + F_r \tag{11}$$

把 $t_k = a_{k1} x_1 + a_{k2} x_2 + \cdots + a_{kp} x_p$（$k = 1, 2, \cdots, r$）代入 $Y = t_1 \beta_1 + t_2 \beta_2 + \cdots + t_r \beta_r$，可以得到 q 个因变量的 PLSR 方程式。

$$y_j = a_{j1} x_1 + a_{j2} x_2 + \cdots + a_{jp} x_p, \quad j = 1, 2, \cdots, q \tag{12}$$

3.3　交叉有效性检验

交叉有效性检验（cross validation，CV）用来确定 PLSR 方程中所应提取的成分个数。定义含 h 个成分的 PLSR 方程的交叉有效性为 $Q_h^2 = 1 - \dfrac{\text{PRESS}(h)}{\text{SS}(h-1)}$，当 $Q_h^2 \geqslant 0.0975$，表示成分 t_h 的边际贡献显著，应提取第（$h+1$）个成分，否则应停止提取成分。其中，$\text{PRESS}(h) = \sum\limits_{j=1}^{q} \text{PRESS}_j(h)$，表示舍去第 η 个观测值（$\eta = 1, 2, \cdots, i$）后，用余下的（$i-1$）个观测值构建 PLSR 方程并提取 h 个成分时，因变量 $Y = (y_1, y_2, \cdots, y_q)^{\text{T}}$ 的预测残差平方和（prediction residual error sum of squares，PRESS）；$\text{SS}(h) = \sum\limits_{j=1}^{q} \text{SS}_j(h)$，表示采用所有样本观测值构建 PLSR 方程并提取 h 个成分时，因变量 Y 的预测残差平方和。

4 模型求解

目前求解有约束组合优化问题的方法可分为精确算法和启发式算法。对于变量维数较小的有约束组合优化问题，传统的求解方法可以求得问题的精确解；对于变量维数较大的有约束组合优化问题，传统方法将难以求解，并且时间成本较大。启发式算法虽不一定求得问题的最优解，但因其求解速度快，可求得问题的近似最优解，被认为是解决较大规模有约束组合优化问题的有效方法。本文在 BPSO 的基础上，通过制定新的初始种群产生策略，引入动态惯性权重，修改种群更新机制并加入判别函数，提出了一种在整数可行解中直接进行进化计算的 IBPSO。

4.1 粒子群算法

粒子群算法源于对鸟群捕食行为的研究，找到食物最简单有效的方法是搜寻当前距离食物最近的每一只鸟的周围区域[20, 29]。粒子群算法中每个粒子位置代表了求解问题的一个潜在可行解，并用位置、速度和适应度值表示该粒子的特征。粒子的速度决定了粒子的方向和位置，每个粒子对应一个由适应度函数决定的粒子适应度值。粒子每更新一次位置，就重新计算粒子适应度值，并且通过比较新粒子的适应度值更新个体极值 p_{best} 和群体极值 g_{best} 的位置。

不妨设 D 维空间中，由 n 个粒子组成的种群 $X = (x_1, x_2, \cdots, x_n)$，其中第 i 个粒子表示一个 D 维的向量 $X_i = (x_{i1}, x_{i2}, \cdots, x_{iD})^{\text{T}}$，代表第 i 个粒子位置，即求解问题的一个潜在可行解。由目标函数可求得粒子每个位置 X_i 对应的适应度值。第 i 个粒子的速度为 $V_i = (v_{i1}, v_{i2}, \cdots, v_{iD})^{\text{T}}$，其个体极值为 $P_i = (P_{i1}, P_{i2}, \cdots, P_{iD})^{\text{T}}$，种群的群体极值为 $P_g = (P_{g1}, P_{g2}, \cdots, P_{gD})^{\text{T}}$。粒子每次更新时，通过式（13）和式（14）更新自身的速度与位置。

$$v_{id}^{k+1} = v_{id}^k + c_1 r_1 (P_{id}^k - x_{id}^k) + c_2 r_2 (P_{gd}^k - x_{id}^k) \tag{13}$$

$$x_{id}^{k+1} = x_{id}^k + v_{id}^{k+1} \tag{14}$$

其中，$d = 1, 2, \cdots, D$；$i = 1, 2, \cdots, n$；k 表示当前迭代次数；v_{id} 表示粒子的速度；c_1 和 c_2 是非负的常数，表示学习因子；r_1 和 r_2 表示分布于 $[0,1]$ 区间的随机数。

4.2 BPSO

粒子群算法是用来对连续函数进行优化的，而工程与管理领域的许多实际问题是离散变量的组合优化问题。Kennedy 和 Eberhart 在粒子群算法的基础上发展了 BPSO 来解决这一类问题[28]。与粒子群算法不同的是，BPSO 使用了一种具有概率性质的位置更新方程，而速度更新与粒子群算法类似。式（14）修改为

$$x_{id}^{k+1} = \begin{cases} 1, & \text{rand} < \text{Sig}(v_{id}^{k+1}) \\ 0, & \text{rand} \geq \text{Sig}(v_{id}^{k+1}) \end{cases} \tag{15}$$

其中，rand 表示区间（0，1）的随机数。在 BPSO 中，粒子位置 x_{id}^k、局部极值 p_{id}^k、全局极值 p_{gd}^k 的取值为离散的 0 或 1，而 v_{id}^k 无需离散化，v_{id}^k 的大小决定粒子位置取值为 0 或 1 的概率，速度越大则粒子位置取值为 1 的概率越大，反之越小。为了体现粒子速度与概率的这种关系，BPSO 采用 Sigmoid 函数作为传递函数，Sigmoid 函数的定义如式（16）所示，其函数图像如图 1 所示。

$$\text{Sig}(x) = \frac{1}{1 + e^{-x}} \tag{16}$$

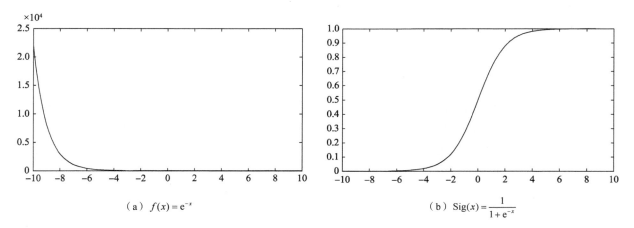

$$（a）f(x)=e^{-x}$$　　　　　　$$（b）\operatorname{Sig}(x)=\frac{1}{1+e^{-x}}$$

图 1　Sigmoid 函数图像

由图 1（b）Sigmoid 函数图像可以看出，为防止 Sigmoid 函数饱和，可将 v_{id}^{k} 限制在区间 $[-4,4]$ 之内。本文将 $v_{\max}$ 设定为 4，$v_{\min}$ 设定为 -4，这样对应的 Sigmoid 函数式（16）修改为

$$\operatorname{Sig}(v_{id}^{k+1})=\begin{cases}0.982, & v_{id}^{k+1}>4\\[2mm]\dfrac{1}{1+e^{-v_{id}^{k+1}}}, & -4\leqslant v_{id}^{k+1}\leqslant 4\\[2mm]0.018, & v_{id}^{k+1}<4\end{cases}\qquad（17）$$

4.3　IBPSO

虽然 BPSO 可以保证求得问题的最优解为整数解，但其产生的初始种群很难保证在可行解空间内，该算法容易掉入局部最优解陷阱，并且可行解无法确保满足约束条件。针对 0-1 有约束组合优化问题，本文采用 IBPSO 进行求解。本文在 BPSO 的基础上，制定新的初始种群产生策略，保证在可行解空间内进行寻优；引入动态惯性权重，保障算法具有更快的收敛性能；修改种群更新机制并加入判别函数，确保种群每次更新后都满足模型中的等式约束。

1）制定新的初始种群产生策略

本文采用新的策略来生成初始种群，以保证产生的初始种群为目标函数的可行解，使算法在可行解空间内开始寻优。考虑约束条件式（2）为强约束关系，项目 m 有 n 个水平，并且有且只有一个水平为 1，该项目的其他水平均为 0，项目 m 的 n 个水平取值为 1 的概率均为 $\dfrac{1}{n}$。不妨设 $[1,0,\cdots,0]$ 为项目 m 的一个可行解，由于项目 m 的 n 个水平取值为 1 是随机的，且满足 $\sum\limits_{n=1}^{N}x_{mn}=1$，$m=1,2,\cdots,M$，令 $x_{mn}=[1,0,\cdots,0]$，定义函数 $R(x_{mn})$ 使向量 x_{mn} 中元素随机重排，求解 $x_{mn}'=R(x_{mn})$，则向量 $G_{\circ}=[x_{1n_1}',x_{2n_2}',\cdots,x_{Mn_M}']$ 为可行的初始种群。

2）引入动态惯性权重

惯性权重 ω^{k} 体现的是粒子继承先前速度的能力，Shi 和 Eberhart 最先将惯性权重 ω^{k} 引入粒子群算法中，指出较大的惯性权重值有利于全局搜索，而较小的惯性权重值则更利于局部搜索，并且提出了线性递减惯性权重（linear decreasing inertia weight，LDIW），如式（18）所示，其可以更好地平衡算法的全局搜索能力与局部搜索能力[21]。

$$\omega^k = \omega_s - (\omega_s - \omega_e)\left(\frac{k}{T_{\max}}\right) \quad (18)$$

其中，ω_s 表示初始惯性权重；ω_e 表示迭代至最大次数时的惯性权重；k 表示当前迭代次数；$T_{\max}$ 表示最大迭代次数。但是，线性递减惯性权重只是一种经验做法，较容易使粒子群算法掉入局部最优解陷阱。如图 2 所示，当粒子 x_{id} 由 k 迭代到（$k+1$）时，若该粒子的适应度值由 $F(x_{id}^k)$ 进化到 $F_1(x_{id}^{k+1})$，较小的惯性权重值可以使算法更精确地进行局部搜索以取得最优解 $F^*(x_{id})$；反之，若该粒子的适应度值由 $F(x_{id}^k)$ 进化到 $F_2(x_{id}^{k+1})$，此时如果仍使用较小的惯性权重值，算法将容易陷入局部最优解。

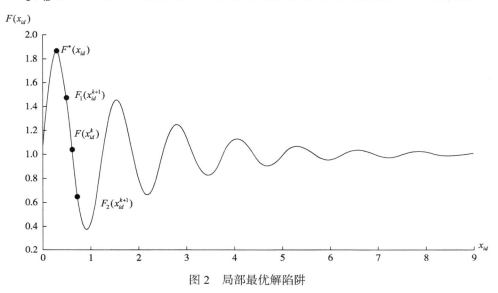

图 2　局部最优解陷阱

为实现算法全局搜索能力和局部搜索能力之间的有效平衡，避免粒子群算法过早陷入局部最优解陷阱，本文引入动态惯性权重，保障算法具有更快的收敛性能，如式（19）所示。

$$\omega_{k+1} = \begin{cases} \omega_e\left(\dfrac{\omega_s}{\omega_e}\right)^{1/(1+10(k+1)/G_{\max})}, & F(x_{id}^{k+1}) \succ F(x_{id}^k) \\ \omega_s - (\omega_s - \omega_e)\left(\dfrac{k}{G_{\max}}\right)^2, & F(x_{id}^{k+1}) \prec F(x_{id}^k) \end{cases} \quad (19)$$

其中，定义运算符号 "A ≻ B" 或 "B ≺ A" 表示 "A 优于 B" 或 "B 不优于 A"；$F(x_{id})$ 表示适应度函数。则式（20）代替粒子群速度更新式（14）。

$$v_{id}^{k+1} = \omega_{k+1}v_{id}^k + c_1 r_1(p_{id}^k - x_{id}^k) + c_2 r_2(p_{gd}^k - x_{id}^k) \quad (20)$$

3）修改种群更新机制

为确保满足约束条件的初始种群在进行速度更新和位置更新之后，产生的新种群仍能够满足约束条件，需要对 BPSO 的种群更新机制进行改进，在粒子位置更新式（15）中加入判别函数 Φ，修改为

$$x_{id}^{k+1} = \begin{cases} 1, & \text{rand} < \text{Sig}(v_{id}^{k+1}) \\ 0, & \text{rand} \geq \text{Sig}(v_{id}^{k+1}) \end{cases} \bigcap \Phi(x_{id}^{k+1}) \quad (21)$$

其中，有约束条件下 0-1 组合优化问题，判别函数定义为

$$\Phi(x_{mn}^{k+1}) = \begin{cases} 1, & \sum_{n=1}^{N-1} x_{mn}^{k+1} = 0, x_{mn}^{k+1} \in \{0,1\} \\ 0, & \sum_{n=1}^{N-1} x_{mn}^{k+1} = 1, x_{mn}^{k+1} \in \{0,1\} \end{cases} \qquad (22)$$

其中，x_{mn}^{k+1} 表示第（$k+1$）次迭代之后，项目 m 第 n 个水平的取值。

4.4 算法步骤

求解变量维数较大的有约束条件下 0-1 组合优化问题是一个 NP-Hard 问题，本文利用 IBPSO 求解含有 PLSR 方程构建目标函数的有约束组合优化问题的最优解。其中，适应度函数为目标函数式（1）中的 $f(X) = \sum_{n=1}^{N_1} x_{1n}\tau_1 + \sum_{n=1}^{N_2} x_{2n}\tau_2 + \cdots + \sum_{n=1}^{N_M} x_{Mn}\tau_M$。适应度函数值越大，说明 $f(X)$ 越接近问题的最优解。算法步骤如表 1 所示。

表 1　IBPSO 步骤设计

步骤 1	参数初始化
	设置种群规模 G_{max}；最大迭代次数 T_{max}；初始惯性权重 ω_s，终止惯性权重 ω_e，学习因子 c_1，c_2
步骤 2	种群粒子初始化
	步骤 2.1　定义随机元素重排函数 $R(x_{mn})$，使 $x'_{mn} = R(x_{mn})$，其中 $x_{mn} = [1, 0, \cdots, 0]$，$m = 1, 2, \cdots, M$，则初始有效种群为 $G_o = [x'_{1n_1}, x'_{2n_2}, \cdots, x'_{Mn_M}]$
	步骤 2.2　随机生成粒子的初始速度 v_{mn}，满足 $-v_{max} \leqslant v_{mn} \leqslant v_{max}$
步骤 3	粒子适应度值计算
	p_{best} 表示个体最优值，g_{best} 表示种群最优值
步骤 4	利用式（15）~式（17）调整粒子位置
步骤 5	利用式（21）~式（22）判断粒子 x_{mn}^{k+1} 是否在可行解内，若否，则返回步骤 2.1 和步骤 2.2，重新初始化粒子；若是，则进入步骤 6
步骤 6	计算新粒子适应度值
	步骤 6.1　更新粒子适应度值
	若 $F(x_{mn}^{k+1}) \succ F(x_{mn}^k)$，则 $F^*(x_{mn}) = F(x_{mn}^{k+1})$，$x_{mn}^* = x_{mn}$
	步骤 6.2　引入动态惯性权重 ω_{k+1}
	当 $F(x_{mn}^{k+1}) \succ F(x_{mn}^k)$ 时，用公式 $\omega_{k+1} = \omega_e \left(\dfrac{\omega_s}{\omega_e}\right)^{1/(1+10(k+1)/G_{max})}$ 更新粒子速度；反之，使用公式 $\omega_{k+1} = \omega_s - (\omega_s - \omega_e)\left(\dfrac{k}{G_{max}}\right)^2$ 计算。转入步骤 4
步骤 7	当 $k > T_{max}$ 时，停止运算，输出 $F^*(x_{mn})$，x_{mn}^*

5　算例分析

随着消费水平的提高，用户在购买或使用产品的过程中越来越注重产品带来的情感体验，特别是网站、应用软件等人机交互界面，其设计水平直接影响用户的情感体验，进而影响用户偏好。算例分析选择服装类电子商务网站设计优化问题，通过本文提出的建模及优化方法对其进行优化设计。

5.1　变量选取及数据收集

邀请网站设计人员、人因工程领域专家组成焦点小组，运用形态分析法选取影响用户情感体验的网页界面设计变量及其水平，如表 2 所示。

表 2　影响用户情感体验的网页界面设计变量及其水平

区域位置	网页界面设计变量	变量水平
商品搜索栏	网站 logo 位置（ x_1 ）	左侧（ x_{11} ）
		中部（ x_{12} ）
	导航背景颜色（ x_2 ）	与网页背景颜色不同色系（橘红色）（ x_{21} ）
		与网页背景颜色同色系（灰色）（ x_{22} ）
商品信息栏	小图辅助展示位置（ x_3 ）	大图下部（ x_{31} ）
		大图左侧（ x_{32} ）
		大图右侧（ x_{33} ）
	商品名称位置（ x_4 ）	大图上部（ x_{41} ）
		商品文字信息上部（ x_{42} ）
	商品名称文字大小相对于其他信息文字(x_5)	大且很明显（ x_{51} ）
		较大且不明显（ x_{52} ）
	价格呈现形式（ x_6 ）	背景突出，字体加大、变粗、变色（ x_{61} ）
		字体加大、变粗、变色（ x_{62} ）
	商品原价提醒（ x_7 ）	有（ x_{71} ）
		无（ x_{72} ）
	选择颜色时的颜色示例（ x_8 ）	商品附颜色示例且标示颜色名称（ x_{81} ）
		商品附颜色示例且鼠标悬浮显示颜色名称（ x_{82} ）
		商品附颜色示例且鼠标悬浮无效果（ x_{83} ）
相关信息栏	相关信息标签背景颜色（ x_9 ）	与网页背景颜色不同色系（橘红色）（ x_{91} ）
		与网页背景颜色同色系（灰色）（ x_{92} ）
	相关信息上部的店铺同类商品信息（ x_{10} ）	有（ x_{101} ）
		无（ x_{102} ）
	试穿体验或模特档案（ x_{11} ）	有（ x_{111} ）
		无（ x_{112} ）
	模特展示和平铺展示屏数（ x_{12} ）	4 屏以下（ x_{121} ）
		4~7 屏（ x_{122} ）
		7 屏以上（ x_{123} ）
	细节展示（ x_{13} ）	有（ x_{131} ）
		无（ x_{132} ）
	疑问和解答（ x_{14} ）	有（ x_{141} ）
		无（ x_{142} ）
	搭配购买（ x_{15} ）	有（ x_{151} ）
		无（ x_{152} ）

续表

区域位置	网页界面设计变量	变量水平
商品信息栏或 相关信息栏	相关商品介绍位置（ x_{16} ）	商品信息栏右侧（ x_{161} ） 相关信息栏上部（ x_{162} ） 相关信息栏下部（ x_{163} ）

根据正交试验设计原理，运用 Adobe Dreamweaver 软件制作 32 个网页原型。基于网页原型和用户偏好进行用户情感体验主观测量实验，采用 7 级利克特量表（用户偏好得分区间为−3~3）进行评分，得到 32 个网页的平均用户偏好得分，如表 3 所示。

表 3　用户偏好得分

WP	UP	WP	UP	WP	UP	WP	UP
WP$_{01}$	−1.5000	WP$_{09}$	0.5714	WP$_{17}$	−0.8571	WP$_{25}$	−0.5000
WP$_{02}$	0.2857	WP$_{10}$	−0.5000	WP$_{18}$	0.8750	WP$_{26}$	0.0000
WP$_{03}$	1.2857	WP$_{11}$	0.8571	WP$_{19}$	−0.3750	WP$_{27}$	0.2857
WP$_{04}$	−0.7143	WP$_{12}$	−0.5000	WP$_{20}$	−1.5000	WP$_{28}$	−0.7143
WP$_{05}$	0.1250	WP$_{13}$	0.8571	WP$_{21}$	1.1250	WP$_{29}$	1.0000
WP$_{06}$	0.0000	WP$_{14}$	1.0000	WP$_{22}$	−0.8571	WP$_{30}$	−1.7143
WP$_{07}$	−0.2500	WP$_{15}$	0.1429	WP$_{23}$	1.0000	WP$_{31}$	1.0000
WP$_{08}$	1.1429	WP$_{16}$	−0.1429	WP$_{24}$	−1.2857	WP$_{32}$	−1.3750

5.2　问题求解与讨论

1）问题求解

首先，将正交试验设计得到的 32 组不同的设计变量取值作为自变量集，把表 3 用户偏好得分作为因变量集，对数据进行标准化处理，带入式（3）~式（12）中进行计算，可以得到用户偏好与设计变量之间的函数关系。其次，运用表 1 所示的 IBPSO 步骤求解目标函数，设置种群规模 $G_{max}=20$ ，最大迭代次数 $T_{max}=300$ ，初始惯性权重 $\omega_s=0.9$ ，终止惯性权重 $\omega_e=0.4$ ，学习因子 $c_1=c_2=2$ ，计算结果如下： $x_{mn}^*=[1010100101010100101010100101001100]^T$ ，即网站 logo 位置位于左侧、导航背景颜色与网页背景颜色不同色系（本文以橘红色为例）、小图辅助展示位置位于大图下部、商品名称位置位于大图上部、商品名称文字大小相对于其他信息文字应大且很明显、价格呈现形式应背景突出且字体有相应变化、有商品原价提醒、选择颜色时的颜色示例为商品附颜色示例且鼠标悬浮显示颜色名称、相关信息标签背景颜色与网页背景颜色不同色系（本文以橘红色为例）、有相关信息上部的店铺同类商品信息、有试穿体验或模特档案、模特展示和平铺展示屏数应该在 4 屏以下、有细节展示、有疑问和解答、没有搭配购买、相关商品介绍位置在商品信息栏右侧。

2）讨论

网页界面的导航背景颜色与网页背景颜色不同色系时，会提高用户的关注度，便于用户寻找和搜索信息。小图辅助展示位置位于大图下部时，可以方便用户进行切换浏览，而且绝大多数用户较为习惯此类设计。商品名称文字大小相对于其他信息文字大且很明显、价格呈现形式应背景突出且字体有相应变化、有商品原价提醒时，会使用户更加快捷地接收这些信息，减少信息收集时间。相关信息上部的店铺同类商品信息可以为用户提供同类商品的推荐，为用户提供更多的选择。有试穿体验或模特档案，可以让用户较为方便地根据个人情况进行商品的尺码选择。模特展示和平铺展示屏数过多时，容易使用户产生烦躁的情绪，且有商品的细节展示，可以使用户在细节展示中查找所需要的商品信息，因此，模特展示和平铺展示只需要将商品全方位展示即可，不宜过多。有疑问和解答，可以让用户了解商品更多详细的信息，增加用户的信任度。

5.3　PLSR-IBPSO 算法有效性分析

1）PLSR 有效性分析

采用交叉有效性检验确定 PLSR 方程中选取成分的个数，计算结果如表 4 所示。

表 4　交叉有效性检验

h	θ^2	$\mathrm{Rd}(X;t_1,t_2,\cdots,t_h)$	$\mathrm{Rd}(f(X);t_1,t_2,\cdots,t_h)$	Q_h^2	limit
1	1.65	0.9583	0.9886	0.9823	0.0975
2	1.54	0.9896	0.9989	0.6180	0.0975
3	0.86	0.9899	0.9998	−0.0932	0.0975

其中，θ^2 表示最大特征值；$\mathrm{Rd}(X;t_1,t_2,\cdots,t_h)$ 表示 $t_1,t_2,\cdots,t_h$ 对 X 的累积解释能力；$\mathrm{Rd}(f(X);t_1,t_2,\cdots,t_h)$ 表示 $t_1,t_2,\cdots,t_h$ 对 $f(X)$ 的累积解释能力；Q_h^2 表示交叉有效性检验值，其临界值为 0.0975，$Q_2^2=0.6180>0.0975$，$Q_3^2=-0.0932<0.0975$，因此选取两个成分即可，并且能够解释 99.89% 的因变量信息，对自变量信息的利用率也达到 98.96%。

2）IBPSO 算法性能分析

为了验证 IBPSO 在求解有约束组合优化问题时的有效性，本文将其与 BPSO 进行比较，计算结果如表 5 和图 3 所示。其中，种群规模 $G_{\max}=20$，最大迭代次数 $T_{\max}=300$，初始惯性权重 $\omega_s=0.9$，终止惯性权重 $\omega_e=0.4$，学习因子 $c_1=c_2=2$。运行 100 次算法，统计平均运行时间（N-t/s）、平均收敛代数（N-iter）和用户偏好得分（M-CP）。实验用的 PC 配置为：3.4 GHz Inter（R）Core（TM）i7-6700 CPU，RAM 8.00 GB 安装内存。

表 5　IBPSO 与 BPSO 的比较结果

模型求解方法	N-t/s	N-iter	M-CP
IBPSO	10.8896	68	1.5578
BPSO	19.2368	172	1.4992

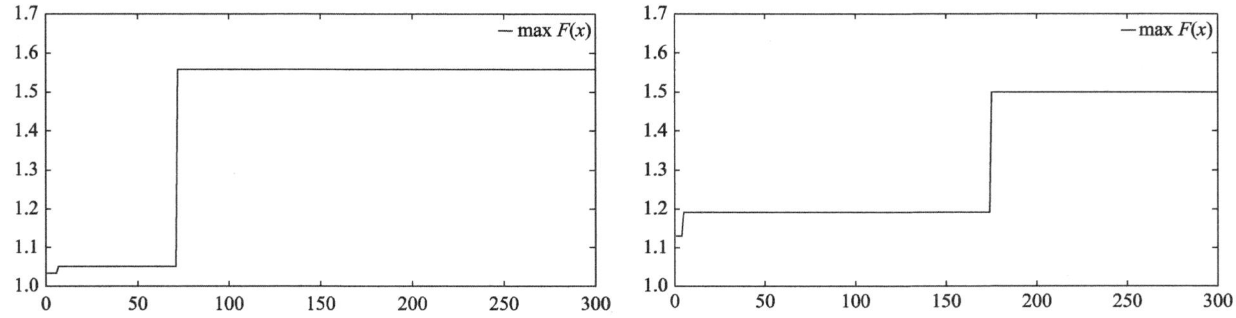

（a）IBPSO 算法最优个体适应度值演化过程　　　　（b）BPSO 算法最优个体适应度值演化过程

图 3　最优个体适应度值演化过程

由表 5 和图 3 可以得出，本文中提出的 IBPSO 在平均运行时间、平均收敛代数和用户偏好得分方面都要优于传统的 BPSO。

　　3）仿真实验

　　为了进一步验证算法的改进效果，本文选取文献[30-34]中的计算实例作为本文的仿真实例。文献[30]的计算实例是有关网页界面设计优化问题，文献[31]是有关咖啡机外观设计优化问题，文献[32]是有门锁造型设计优化问题，文献[33]是有关功能手机外观设计优化问题，文献[34]是有关数码相机外观设计优化问题。分别用 IBPSO 和 BPSO 对仿真实例计算优化结果，并与文献中采用 GA 计算得到的优化方案进行比较，计算结果如表 6 所示。其中，种群规模 $G_{max} = 20$，最大迭代次数 $T_{max} = 300$，初始惯性权重 $\omega_s = 0.9$，终止惯性权重 $\omega_e = 0.4$，学习因子 $c_1 = c_2 = 2$。运行 100 次算法，统计平均运行时间（$N\text{-}t$/s）、平均收敛代数（$N\text{-iter}$）和用户偏好得分（$M\text{-CP}$）。实验用的 PC 配置为：3.4 GHz Inter（R）Core（TM）i7-6700 CPU，RAM 8.00 GB 安装内存。

表 6　IBPSO、BPSO 与 GA 的比较结果

仿真实例	IBPSO			BPSO			GA		
	$N\text{-}t$/s	$N\text{-iter}$	$M\text{-CP}$	$N\text{-}t$/s	$N\text{-iter}$	$M\text{-CP}$	$N\text{-}t$/s	$N\text{-iter}$	$M\text{-CP}$
文献[30]	11.2946	43	1.9637	24.1967	50	1.6847	26.3742	51	1.5961
文献[31]	10.2548	52	1.9654	15.2354	65	1.7548	14.9758	67	1.7257
文献[32]	9.9825	47	1.8675	18.3645	136	1.6249	18.6952	129	1.5978
文献[33]	13.1301	34	1.9986	18.6328	51	1.7437	19.1049	52	1.6986
文献[34]	12.9525	79	1.8212	16.0214	208	1.6254	16.3952	212	1.6195

　　由表 6 可以得出，相较于传统的 BPSO 和 GA，本文中提出的 IBPSO 有较少的平均运行时间、较小的平均收敛代数和较高的用户偏好得分，并且传统的 BPSO 和 GA 在解决此类问题时，在算法收敛速度和最优解得分上差距不大。

6　结论

　　本文针对工程与管理领域中的有约束组合优化问题进行研究，即如何有效地对不同变量进行优化组合，以达到目标函数最优的要求。考虑变量维数大且变量间存在多重相关性的因素，以及变量间有强约束关系的特点，建立新的能有效反映该类问题实质的数学模型。提出运用 PLSR 构建有约束组合优化问题的目标函数，利用 IBPSO 对该类问题进行求解。制定了新的初始种群产生策略，保证在可行解空间内进行寻优；引入了动态惯性权重，保障算法具有更快的收敛性能；修改了种群更新机制并加入判别函数，确保种群在每次更新后都满足模型中的等式约束。算例和数值仿真分析结果表明，本文提出的基于 PLSR-IBPSO 的方法，相较于传统方法有较高的预测精度和较快的收敛速度，计算结果更稳定。研究结果表明，该方法可以有效解决工程与管理领域中的有约束组合优化问题。

参 考 文 献

[1] Blum C，Pinacho P，López-Ibáñez M，et al. Construct，merge，solve & adapt a new general algorithm for combinatorial optimization[J]. Computers & Operations Research，2016，68：75-88.

[2] Martí R，Resende M G C，Ribeiro C C. Multi-start methods for combinatorial optimization[J]. European Journal of Operational Research，2013，226（1）：1-8.

[3] 王军，李端. 多项式 0-1 规划中隐枚举算法的改进及应用[J]. 系统工程理论与实践，2007，27（3）：21-27.

[4] Heilmann R. A branch-and-bound procedure for the multi-mode resource-constrained project scheduling problem with minimum and maximum time lags[J]. European Journal of Operational Research，2003，144（2）：348-365.

[5] 赵晓煜，汪定伟. 供应链中二级分销网络的优化设计模型[J]. 管理科学学报，2001，4（4）：22-26，72.

[6] Gomory R E. Outline of an algorithm for integer solutions to linear programs[J]. Bulletin of the American Mathematical Society，1958，64（5）：275-278.

[7] Gilmore P C，Gomory R E. A linear programming approach to the cutting-stock problem[J]. Operations Research，1961，9（6）：849-859.

[8] Gilmore P C，Gomory R E. A linear programming approach to the cutting stock problem-part II[J]. Operations Research，1963，11（6）：863-1025.

[9] Blazewicz J，Lenstra J K，Rinnooy-Kan A H G. Scheduling subject to resource constraints：classification and complexity[J]. Discrete Applied Mathematics，1983，5（1）：11-24.

[10] Zamani R. A competitive magnet-based genetic algorithm for solving the resource-constrained project scheduling problem[J]. European Journal of Operational Research，2013，229（2）：552-559.

[11] Gonçalves J F，Resende M G C，Mendes J J. A biased random-key genetic algorithm with forward-backward improvement for the resource constrained project scheduling problem[J]. Journal of Heuristics，2011，17（5）：467-486.

[12] 游晓明，刘升，吕金秋. 一种动态搜索策略的蚁群算法及其在机器人路径规划中的应用[J]. 控制与决策，2017，32（3）：552-556.

[13] Bououden S，Chadli M，Karimi H R. An ant colony optimization-based fuzzy predictive control approach for nonlinear processes[J]. Information Sciences，2015，299：143-158.

[14] Bouleimen K，Lecocq H. A new efficient simulated annealing algorithm for the resource-constrained project scheduling problem and its multiple mode version[J]. European Journal of Operational Research，2003，149（2）：268-281.

[15] Wang C，Mu D，Zhao F，et al. A parallel simulated annealing method for the vehicle routing problem with simultaneous pickup-delivery and time windows[J]. Computers & Industrial Engineering，2015，83：111-122.

[16] Nonobe K，Ibaraki T. Formulation and tabu search algorithm for the resource constrained project scheduling problem[C]//Ribeiro C C，Hansen P. Essays and Surveys in Metaheuristics. Boston：Springer，2002：557-588.

[17] 胡祥培，孙丽君，王雅楠. 物流配送系统干扰管理模型研究[J]. 管理科学学报，2011，14（1）：50-60.

[18] Xu X L，Rong H Z，Trovati M，et al. CS-PSO：chaotic particle swarm optimization algorithm for solving combinatorial optimization problems[J]. Soft Computing，2018，22（3）：783-795.

[19] Elloumi W，El Abed H，Abraham A，et al. A comparative study of the improvement of performance using a PSO modified by ACO applied to TSP[J]. Applied Soft Computing，2014，25：234-241.

[20] Kennedy J，Eberhart R C. Particle swarm optimization[C]. New York：1995 IEEE International Conference on Neural Networks.

[21] Shi Y，Eberhart R. A modified particle swarm optimizer[C]. Anchorage：1998 IEEE International Conference on Evolutionary Computation.

[22] Angeline P J. Using selection to improve particle swarm optimization[C]. Anchorage：1998 IEEE International Conference on Evolutionary Computation.

[23] Angeline P J. Evolutionary optimization versus particle swarm optimization：philosophy and performance differences[C]. San Diego：International Conference on Evolutionary Programming，1998.

[24] Kennedy J，Mendes R. Population structure and particle swarm performance[C]. Honolulu：2002 Congress on Evolutionary Computation.

[25] Suganthan P N. Particle swarm optimiser with neighbourhood operator[C]. Washington：1999 Congress on Evolutionary Computation.

[26] Parsopoulos K E，Vrahatis M N. Recent approaches to global optimization problems through particle swarm optimization[J]. Natural computing，2002，1（2/3）：235-306.

[27] 谭瑛，高慧敏，曾建潮. 求解整数规划问题的微粒群算法[J]. 系统工程理论与实践，2004，24（5）：126-129.

[28] Kennedy J，Eberhart R C. A discrete binary version of the particle swarm algorithm[C]. Orlando：1997 IEEE International Conference on Systems，Man，and Cybernetics.

[29] 吴登生，李建平，蔡晨. 软件成本估算的粒子群算法类比模型及自助法推断[J]. 管理科学，2010，23（3）：113-120.

[30] 郭伏，李美林，屈庆星. 基于感性工学的电子商务网页外观设计优化[J]. 人类工效学，2013，19（3）：56-60.

[31] Hsiao S W，Chiu F Y，Lu S H. Product-form design model based on genetic algorithms[J]. International Journal of Industrial Ergonomics，2010，40（3）：237-246.

[32] Hsiao S W，Tsai H C. Applying a hybrid approach based on fuzzy neural network and genetic algorithm to product form

design[J]. International Journal of Industrial Ergonomics，2005，35（5）：411-428.

[33] Guo F，Qu Q X，Chen P，et al. Application of evolutionary neural networks on optimization design of mobile phone based on user's emotional needs[J]. Human Factors and Ergonomics in Manufacturing & Service Industries，2016，26（3）：301-315.

[34] Guo F，Liu W L，Liu F T，et al. Emotional design method of product presented in multi-dimensional variables based on Kansei Engineering[J]. Journal of Engineering Design，2014，25（4/5/6）：194-212.

The PLSR-IBPSO Algorithm for Solving Constrained Combinatorial Optimization Problem—A Case Study of User Interface Design

GUO Fu，QU Qingxing

（School of Business Administration，Northeastern University，Shenyang 110167，China）

Abstract　Analyzing the constrained combinatorial optimization problem in engineering and management fields，considering large-scaled and correlated variables with the equality constraint，a novel mathematical model has been proposed to fit actual problem optimization. The partial least squares regression（PLSR）was used to build relationship model between independent and dependent variables，and the improved binary particle swarm optimization（IBPSO）algorithm has been developed to seek optimum value. And the IBPSO algorithm has been developed for solving the problem how to arrange n levels in m variables to seek optimum target function value. In the IBPSO，a new method of making initial particles has been presented for searching for optimum particle in the feasible dimensional problem space. Furthermore，a dynamic inertia weight was importing in algorithm to expedite convergence speed. Finally，a modified update mechanism has been used for making updated particles to meet the equality constraint of mathematical model. Algorithm examples research demonstrates that the IBPSO algorithm is effective and can achieve good results.

Key words　Combinatorial optimization，Partial least squares regression，Binary particle swarm optimization，Constrained optimization，Product design optimization

作者简介

郭伏（1964—），女，东北大学工商管理学院教授、博士生导师，研究方向：用户体验、人因工程、感性工学与情感化设计等。E-mail：fguo@mail.neu.edu.cn。

屈庆星（1988—），男，东北大学工商管理学院博士研究生，研究方向：用户体验、人因工程、感性工学与情感化设计等。E-mail：yantaiquqingxing@163.com。

基于非线性特征提取和加权 K 最邻近元回归的预测模型*

唐 黎[1]，潘和平[2]，姚一永[1]

（1.西南财经大学天府学院 智能金融学院，四川 成都 610052）

（2.成都大学 商学院，四川 成都 610106）

摘 要 本文提出了一种智能的金融时间序列预测模型。该模型采用前向滚动经验模态分解（forward rolling empirical mode decomposition，FEMD）对金融时间序列进行信号分解，采用主成分分析（principal component analysis，PCA）对分解后产生的高维向量组进行降维，整个过程是一个复杂的非线性特征提取过程。再将提取的特征输入一种新的利用 PCA 输出的加权 K 最邻近法（K-nearest neighbor，KNN）进行回归预测。该模型在特征提取过程的构造和整体结构上都是具有创新性的，并提出了比简单的 KNN 预测更有效的改进算法。实证结果证实了该模型对中国股票指数的预测效果。

关键词 经验模态分解，PCA，K 最邻近法，特征提取，预测

中图分类号 F832.5

1 引言

金融市场是一个庞大的、具有复杂运动模式的系统，受到来自各方面多重因素的影响。时间序列作为金融市场中最为主要的数据，是金融市场复杂内在的综合表现形式。通过对金融时间序列的分析及预测，我们可以发现市场潜在的规律及信息特征，为金融活动及决策提供重要依据，具有非常重要的现实意义。因此，对金融时间序列的分析及预测成了最重要的、最具挑战性的方向之一，而现有的文献已经取得了很多有价值的研究成果。

Abu-Mostafa 和 Atiya[1]证实了金融时间序列具有高噪声、非线性、非平稳和混沌等特征。高噪声表现为，我们不可能完全捕获的相关信息，在模型中未被考虑而形成的噪声。非平稳表现为，金融时间序列的分布随时间而改变。混沌则表现为，金融时间序列的趋势变化从短期来看是随机的，但从长期来看却是有确定性发展趋势的，这也为金融时间序列的预测分析提供了理论基础。

现有的对金融时间序列进行预测的模型包括线性和非线性两大类，其中比较有代表性的模型包括：建立于有效市场和随机漫步理论基础上的差分自回归移动平均模型[2]、自回归条件异方差模型[3]、广义自回归条件异方差模型[4]，认为在金融市场中具有可预测性的是价格波动率，而并非价格本身。而一些跨学科的研究从不同的角度，提出了基于混沌理论的模型[5]、神经网络（neural network，NN）[6]及支持向量机（support vector machine，SVM）[7]，这些模型可以通过对历史数据的有效处理来分析和挖掘金融市场的潜在规律并对市场进行概率性的预测。对金融市场的分析和预测主要在于对金融时间序列的分

---

* 基金项目：国家社会科学基金项目（17BGL231）。

通信作者：潘和平，成都大学高等研究院、商学院教授，重庆大学管理科学与房地产学院教授，博士生导师，E-mail：panhp@swingtum.com。

析与预测。1998 年 Huang 等[8]提出了 Hilbert-Huang 变换，其核心在于经验模态分解（empirical mode decomposition，EMD）和 Hilbert 变换，是一种数据驱动式自适应算法。其中 EMD 具有局部特征表现能力，能够有效反映系统本身的物理特性，是一种更适用于处理非线性、非平稳金融时间序列的方法。丁志宏和谢国权[9]通过 EMD 算法对沪深 300 指数的日收益进行了多尺度分解，更精确地提取了不同频率的分量，证明了 EMD 在金融时间序列分析中的广阔应用前景。王文波等[10]应用 EMD、混沌分析与 NN 进行组合分析，有效提高了金融时间序列预测的精度。Islam 等[11]对金融时间序列进行了多维 EMD，与小波算法相比，EMD 具有更优的预测效果。然而，张承钊和潘和平[12]指出 EMD 本身是存在内部缺陷的，随着输入时间序列的不断更新，其右端点对应的 EMD 结果是不断变化的，并不稳定。因此，他们提出了 FEMD 算法，并对沪深 300 指数和澳大利亚股票指数进行了实证分析，结果表明 FEMD 具有更高的预测精度。

在预测模型的构建中，特征提取是最重要的环节之一。Tsai 和 Hsiao[13]提出了三种特征提取方法：PCA、遗传算法（genetic algorithm，GA）和决策树，结果表明含 PCA 的组合模型效果更优。PCA 又称主成分分析，最初由 Pearson[14]在 1901 年提出，Hotelling[15]在 1933 年将其进行了发展。PCA 实际是一种正交线性变换，在消除变量间相关性的同时，充分考虑变量的统计特征，对主要信息进行综合有效的特征提取并达到数据降维效果。Roll 和 Ross[16]将 PCA 应用于套利定价理论的实证研究。徐国祥和杨振建[17]构建了组合模型 PCA-GA- SVM，并应用此模型对沪深 300 指数和前五大成分股的走势进行了有效分析。刘飞虎和罗晓光[18]构建了基于 PCA 和 RBF（radical basis function，径向基函数）神经网络的商业银行财务风险评价模型。

在金融时间序列的分析中，对人工智能中的模式识别理论也有着广泛应用。其中，KNN 于 1967 年由 Cover 和 Hart[19]提出，是一种简单而有效的非参数模式识别方法，可根据样本特征信息，直接进行模式识别。KNN 既可用于分类决策，也可用于回归预测，因此受到广泛关注，并衍生出一系列基于 KNN 的改进算法和其他组合集成的算法。Teixeira 和 de Oliveira[20]将 KNN 分类与技术分析工具相结合，提出了一个关于股票自动交易技术的新方法，并在智能预测系统中进行了有效的实际应用。王利等[21]提出了一种基于剪辑最近邻法的股市趋势的模式识别法，该方法利用样本集对其本身进行剪辑，筛选不同类交界处的样本，清理不同类的边界，过滤类别混杂样本，让类边界更加清晰。这样在减少样本数的同时，还能提高识别率。

在以上文献中，各个研究都是从模型结构的整体角度出发，在核心算法的基础上对模型进行优化改进。例如，徐国祥和杨振建[17]提出的 PCA-GA-SVM 模型，是在 SVM 算法的基础上，采用 PCA 和 GA 进行数据降维与动态更新模型参数，从而提高 SVM 算法的稳定性和预测精度。刘飞虎和罗晓光[18]提出的 PCA-RBF 模型，是在 RBF 算法的基础上，采用 PCA 来简化输入指标，找出主要的评价指标，从而解决模型输入样本缺乏的问题。在本文中，我们把对历史数据的特征提取过程看作预测模型构建的关键步骤，沿着历史数据输入、特征提取和局部非参数相似性预测的思路来进行预测模型的构建。实际上，我们可以把金融时间序列的特征提取过程理解为对其进行信号分析和信息融合的一个过程。因此本文将 FEMD、PCA 和 KNN 进行集成，提出了一种基于复杂的非线性特征提取过程和加权 KNN 的预测模型，简称 FEPK 模型。该模型首先采用 FEMD 对金融时间序列进行信号分解，其次用 PCA 对分解后生成的信息冗余的高维本征模态函数（intrinsic mode function，IMF）序列进行降维，最后将提取的特征输入一种新的利用 PCA 输出的加权 KNN 算法进行回归预测。FEPK 模型的整体结构是具有创新性的，包括了由 FEMD 和 PCA 组成的非线性特征提取过程，以及基于 PCA 输出的加权 KNN 回归预测。特别地，FEPK 模型中的特征提取过程对于金融时间序列的处理来说具有更强的适应性、全面性和正交性。同时，FEPK 模型预测采用了以 PCA 负荷作为权重的加权 KNN 算法，能够更合理、更有效地分类，具有更优秀的预测性能。在实证中，FEPK 模型对真实的沪深 300 指数的历史数据进行了预测，结果表明 FEPK 模型具有良好的预测效果。

2 模型构建与组成部分

2.1 模型的总体结构

在对金融时间序列进行分析预测前，需要选取时间序列的时间尺度。本文的分析主要针对日数据，因此采用日作为基本时间尺度，即任意时间 t 对应一天。时间序列 $X(t)$ 表示第 t 天的数据，包含了开盘价 $O(t)$、最高价 $H(t)$、最低价 $L(t)$、收盘价 $C(t)$ 四个价格分量和一个交易量 $V(t)$。在本文的分析中，我们暂时只使用 $C(t)$ 作为预测分量，因此有 $X(t)$ 只包含 $C(t)$，后续论文中我们将会加入更多分量进行预测研究。

一般地，采用滑动窗口技术取一段足够长的历史数据 $\mathrm{D}X(t)$

$$\mathrm{D}X(t,N) = \left(X(t-(N-w)+1), \cdots, X(t-1), X(t) \right) \tag{1}$$

其中，t 为数据中最近的时间；N 为数据的总天数；$w \ll N$ 为滑动窗口宽度；$\mathrm{D}X(t,N)$ 也可以表达为 $\mathrm{D}X(t,w)$。对于任意的 $X(t)$，定义当日的相对收益率为

$$R(t,\lambda) = \frac{X(t)-X(t-\lambda)}{X(t-\lambda)} \tag{2}$$

其中，λ 为预测步长，并设定其基本值 $\lambda=1$，本文在没有其他额外说明的情况下将使用 $R(t)$ 表示 $R(t,\lambda)$。相应地，有历史相对收益率序列

$$\mathrm{D}R(t,w) = \left(R(t-(N-w)+1), \cdots, R(t-1), R(t) \right) \tag{3}$$

根据预测模型的工作流程，一般的 FEPK 预测模型可以表达为

$$\mathrm{FEPK}: R(t+\lambda) = \mathrm{KNN}(F(t),k) \tag{4}$$

其中，$F(t)$ 为历史数据（t 时间以前）经过 FEMD 和 PCA 以后，提取的特征集；k 为模型参数，表示 KNN 回归中与测试点最相近的 k 个最邻近元。为了更具体地展示预测模型的工作流程，本文可以展开特征提取过程，因此一般的 FEPK 预测模型可以更具体地表达为

$$\mathrm{FEPK}: R(t+\lambda) = \mathrm{KNN}(\mathrm{FE}(\mathrm{PCA}(\mathrm{FEMD}(\mathrm{D}R(t,w)),\alpha)),k) \tag{5}$$

其中，$\mathrm{FE}(\cdot)$ 为特征集的提取（feature extraction, FE），注意其中的 $\mathrm{FEMD}(\mathrm{D}R(t,w))$ 为 FEMD 的输入是采用滑动窗口技术动态截取的 t 时间前面长度为 w 的时间序列。

FEPK 预测模型的一般表达式可以直观地表达出该模型的整体结构是有别于现有的其他模型的，其核心在于非线性特征提取过程和局部非参数相似性预测的结合，而并不从整体上对一个核心算法进行改进。下面我们将具体介绍 FEPK 模型的两大组成部分。

2.2 非线性特征提取过程

2.2.1 FEMD

EMD 是一种能够有效处理非线性、非平稳时间序列的分解技术。但在 EMD 中，随着新数据的不断输入，其端点分解会不稳定[12]，因此本文将引入一种更适合处理金融时间序列的分解方法 FEMD。该方法先采用滑动窗口技术对原始历史时间序列进行捕获，再输入 EMD，这既能满足金融时间序列分析的实时性需求，又能增加预测模型的鲁棒性。其具体的分解流程如下。

先采用滑动窗口技术截取历史相对收益率序列 $\mathrm{DR}(i-1,w)$, $[i=t,t-1,\cdots,t-(N-w)+1]$，输入 EMD 后生成 IMF，再将 IMF 作为模型训练的输入，$R(i)$, $[i=t,t-1,\cdots,t-(N-w)+1]$ 作为模型训练的输出，因此可以得到模型训练的输入输出数据集 $\mathrm{DT}(t,N-w)$

$$\mathrm{DT}(t,N-w)=\begin{cases}\mathrm{EMD}(\mathrm{DR}(t-1),w) & \rightarrow & R(t) \\ \mathrm{EMD}(\mathrm{DR}(t-2),w) & \rightarrow & R(t-1) \\ \vdots & \vdots & \vdots \\ \mathrm{EMD}(\mathrm{DR}(t-(N-w)),w) & \rightarrow & R(t-(N-w)+1)\end{cases} \tag{6}$$

其中，对 $\mathrm{DR}(i-1,w)$, $[i=t,t-1,\cdots,t-(N-w)+1]$ 进行 EMD 是为了得到一系列 IMF。鉴于在一般的软件（如 Matlab）中都有 EMD 的具体算法，这里就不赘述。

经过 EMD 后，可以得到

$$\mathrm{DR}(t-1)=\left(\sum_{j=1}^{n}c_j\right)+r \tag{7}$$

也可以表示为

$$\mathrm{DR}(t-1)=\begin{pmatrix}\mathrm{IMF}_1(t-1,w) \\ \vdots \\ \mathrm{IMF}_n(t-1,w)\end{pmatrix}+r \tag{8}$$

原始序列被分解为了 n 个 IMF 分量（一般地，取 $n\leqslant 5$）和一个残差量 r。因此可以将式（6）改写为

$$\mathrm{DT}(t,N-w)=\{D\rightarrow R\} \tag{9}$$

$$D=\begin{pmatrix}\mathrm{IMF}_1(t-1,w) & \cdots & \mathrm{IMF}_n(t-1,w) \\ \mathrm{IMF}_1(t-2,w) & \cdots & \mathrm{IMF}_n(t-2,w) \\ \vdots & & \vdots \\ \mathrm{IMF}_1(t-(N-w),w) & \cdots & \mathrm{IMF}_n(t-(N-w),w)\end{pmatrix} \tag{10}$$

$$R=(R(t)\quad R(t-1)\quad \cdots \quad R(t-(N-w)+1))^{\mathrm{T}} \tag{11}$$

注意在式（10）中，矩阵 D 每一行的 IMF 序列都是一个高维数组，必然存在信息冗余，将影响预测的稳定性及精度。因此，我们将采用降维技术对 D 进行降维并消除冗余信息。

2.2.2　PCA 技术

在机器学习中，被广泛使用的降维技术包括：PCA、LDA（linear discriminant analysis，线性判别分析）、LLE（locally linear embedding，局部线性嵌入）和 LE（Laplacian eigenmaps，拉普拉斯特征映射）。但对比发现，这四种技术所追求的降维后的目标是不同的[22]：①PCA 追求降维后能够尽可能最大化地保持原始数据的潜在信息；②LDA 追求降维后能够尽可能容易地区分数据点；③LLE 追求降维后能够尽可能保持原有的流形结构；④LE 和 LLE 的思想类似，追求在降维后的空间中，相关点能够尽可能地靠近，以反映数据原有的流形结构。对于金融时间序列预测而言，预测输入的特征集需要在低维的情况下尽可能地保持原有数据的内在信息，以保证预测模型的鲁棒性和提高预测的精度。因此，本文将采用 PCA 对 FEMD 生成的高维数据矩阵 D 进行降维并提取特征集。

PCA 的主要过程在于将原来高维度的数据集映射到低维空间，转化为少数的富含信息量的主成分。从数学表示来看，PCA 实际就是用奇异值分解来实现数据降维的。其主要步骤如下。

首先对经过 FEMD 后得到的数据矩阵 D 进行标准化变换和奇异值分解，可得矩阵 Z

$$Z=U\Sigma W^{\mathrm{T}} \tag{12}$$

其中，U 和 W 分别为 ZZ^{T} 和 $Z^{\mathrm{T}}Z$ 的特征向量矩阵；Σ 为一个非负矩形对角矩阵，其左上角子矩阵的对角元素为矩阵 ZZ^{T} 的非零奇异值 σ_i，$i=1,2,\cdots,r$。由此，可以得到数据转换矩阵

$$Y = Z^{\mathrm{T}}U = W\Sigma^{\mathrm{T}}U^{\mathrm{T}}U = W\Sigma^{\mathrm{T}} \tag{13}$$

其中，矩阵 Y 的列依次为各个主成分。

实际上，在时间序列组成的矩阵 Z 中，其信息量主要集中于前面部分特征维上。因此，我们可根据对主成分的累计贡献率（cumulative contribution rate，CCR）进行约束来选取 r 个主成分中的前 $p \ll r$ 个，并组成新的低维矩阵。一般地，可约束 CCR 必须大于一个预设的阈值（如 85%）

$$\mathrm{CCR}_p = \left(\sum_{i=1}^{p}\sigma_i\right)\bigg/\left(\sum_{i=1}^{r}\sigma_i\right) > 85\% \tag{14}$$

各主成分对应的方差贡献率为

$$\mathrm{VCR}_i = \sigma_i \tag{15}$$

由此，矩阵 Y 对应的新的低维矩阵 Y_p 为

$$Y_p = Z^{\mathrm{T}}U_p = W\Sigma_p^{\mathrm{T}} \tag{16}$$

Y_p 就是 PCA 提取的低维数据矩阵，将和各主成分对应的方差贡献率 $\mathrm{VCR}_i\,(i=1,2,\cdots,p)$ 作为特征集输入下一步预测。

2.3 基于 PCA 输出的加权 KNN 算法

KNN 是一个经典的非参数算法，它不需要为自变量设定任何具体的函数，仅依赖于数据本身，就可以通过匹配历史序列中最相似的 k 个最邻近元来进行回归预测。本文提出了一种基于 PCA 输出的加权 KNN 算法。该算法将 PCA 提取的各主成分对应的方差贡献率作为权重，对选取的 k 个最邻近主成分进行信息融合，能够尽可能地体现各个邻近元的信息含量及其影响。因此，这种加权式的 KNN 算法比简单的 KNN 更为合理，具有更好的回归预测效果。其具体算法如下。

将 PCA 后得到的矩阵 Y_p、各主成分对应的 $\mathrm{VCR}_i\,(i=1,2,\cdots,p)$ 和预测点 $x(t+\lambda)$ 前一点 $x(t) = \mathrm{DR}(t,N)$ 作为 KNN 算法预测的输入，可构建预测模型

$$x(t+\lambda) = \mathrm{KNN}(x(t),Y_p,\mathrm{VCR}_i,k) \tag{17}$$

首先，计算点 $x(t)$ 与矩阵 Y_p 中任意点 $x_i\,(i=1,2,\cdots,p)$ 的相似度

$$S\big(x(t),x_i\big) = -\|x(t)-x_i\|^2 \tag{18}$$

在本文中，我们采取欧式距离作为相似度测度，后续论文中将重点关注更适合于金融时间序列相似度测度的函数。将得到的 S 进行排序，找到前 k 个最大的 S 值和最相似的 k 个最邻近元 $x_j\,(j=1,2,\cdots,k)$，其中 $k < p$。注意到本文提出的基于 PCA 输出的加权 KNN 算法需要将选出来的 k 个最邻近主成分对应的 $\mathrm{VCR}_j\,(j=1,2,\cdots,k)$ 考虑为权重系数并计算加权均值，因此，计算预测点 $x(t+\lambda)$

$$x(t+\lambda) = \sum_{j=1}^{k}\mathrm{VCR}_j \cdot x_j \tag{19}$$

其中，$x(t+\lambda) = \mathrm{DR}(t+\lambda,N)$，由式（3）可以输出 $R(t+\lambda)$。改进的 KNN 算法意味着在对最邻近主成分进行信息融合时，充分考虑了原始信息的包含量，具有更全面的信息输入，这比较于简单的 KNN 来讲可以有效提高模型的预测精度。

3　模型的结构参数及效能测度

3.1　模型的主要结构参数

根据式（5）可知，在 FEPK 模型中有四个主要的结构参数：w，α，λ，k。w 是滑动窗口宽度；α 是 IMF 所取的层数；λ 是预测步长；k 是最邻近元数量。对于一个具体的 FEPK 预测模型，也可以将式（5）表达为

$$\text{FEPK}: R(t+\lambda) = \text{KNN}\left\{\text{PCA}^*\left[\text{FEMD}(\text{DR}(t,w)),\alpha\right],k\right\} \tag{20}$$

其中，$\text{PCA}^* = \text{FE}(\text{PCA})$ 为降维提取预测输入特征的过程。

3.2　预测模型的效能测度

在预测模型的效能测度上，我们通常采用能够测度实际值与预测值偏差的指标，如平均绝对百分比误差（mean absolute percentage error，MAPE）、均方根误差（root-mean-square error，RMSE）和平均绝对误差（mean absolute deviation，MAD）。但基于对金融市场风险和交易策略的考虑，本文将采用能够测度预测方向准确性的指标来进行实证结果比较，因此可以采用命中率[23]（hit rate，HR）

$$\text{hit rate} = \frac{1}{n}\sum_{i=1}^{n}d(i), \quad d(i) = \begin{cases} 1, & R_i \times R^* > 0 \\ 0, & R_i \times R^* < 0 \end{cases} \tag{21}$$

其中，R_i 为相对收益率的真实值；R^* 为预测值；n 为数据点的总量。

4　历史数据与特征提取

对股票市场的历史数据进行有效的分析和预测可以为投资者的交易决策与投资策略提供依据，具有重要的现实意义。本文将采用滑动窗口技术对股市的历史时间序列进行截取，然后输入 FEMD 并获取一系列 IMF 分量，再利用 PCA 降维技术提取主成分及相应的方差贡献率作为特征集，最后将特征集输入 KNN 进行信息融合预测。

4.1　历史数据集

我国的基准股票指数是沪深 300 指数，它能够反映我国沪深股市的整体趋势。本文将选取沪深 300 指数的历史时间序列进行实证分析。通过国泰安数据库，我们选取了沪深 300 指数从 2007 年 1 月 4 日到 2017 年 7 月 28 日的真实历史价格时间序列。整个历史序列由 2571 个交易日的数据组成。为了有效训练数据和测试模型，我们将整个历史序列按照 8∶2 的比例分成了两个数据集：样本内训练数据集和样本外测试数据集。

4.2　沪深 300 指数的 FEMD

FEMD 的目的是要把非线性、非平稳的时间序列分解成若干个 IMF 分量和一个残差项。分解生成的 IMF 分量都是平稳的，且频率不同。在进行 FEMD 之前，我们需要利用滑动窗口技术对历史数据进行截取，再输入 FEMD。需要指出的是，在训练模型的过程中，滑动窗口宽度 w 和 FEMD 后 IFM 所取的层数 α 的取值为模型的超参数。w 的取值不能过大也不能过小。过大会导致分解延迟，影响预测的实时性能；过小又可能没有足够多的极值点，从而不能分解得到 IMF 序列，并且 FEMD 过程中是存在计算误

差的，而且随着分解层数的增加，误差增加。但是分解层数越多，分解出的 IMF 分量平稳性就越好，越能够增加预测精度。为了选择可靠的超参数，同时避免训练集和验证集划分对模型性能的影响，本文将使用 K-折交叉验证[24]（通常可做 10-折交叉验证）评估每种超参数组合下模型的预测精度，将历史数据集均分为 10 个子集，每次用 1 个作为测试集，其余 9 个作为训练集，重复 10 次，最后取平均命中率进行比较评估，验证结果如表 1 所示。结合考虑验证结果和预测结果的导向性，当滑动窗口宽度取 300 天，IMF 取 3 层时，效果最佳。图 1 是滑动窗口宽度为 300 天时，沪深 300 指数的 FEMD 结果图，包含 5 个 IMF 分量和一个残差项。可以看出，随着分解层数的增加，分解出的 IMF 分量的频率从高到低，逐渐降低，而最后的残差项反映的是一个平均趋势。

表 1   10-折交叉验证评估超参数 w 和 α 组合下 FEPK 模型训练的预测精度

滑动窗口宽度 w	命中率				
	$\alpha = 1$	$\alpha = 2$	$\alpha = 3$	$\alpha = 4$	$\alpha = 5$
100	0.7067	0.6881	0.7137	0.6805	0.6781
150	0.7019	0.6942	0.6975	0.6869	0.7018
200	0.7113	0.7131	0.7044	0.7133	0.6982
250	0.7142	0.6971	0.7020	0.6956	0.6974
300	0.7177	0.6984	0.7211	0.6976	0.7190
350	0.6989	0.6735	0.7103	0.7011	0.7050

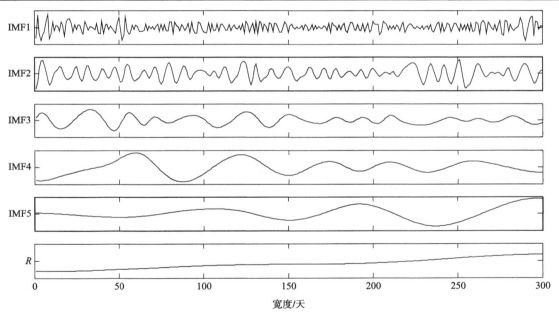

图 1   沪深 300 指数的一个滑动窗口数据（300 天）的 FEMD 结果图

4.3   沪深 300 指数的 PCA 降维及特征提取

经过 FEMD 后，我们得到的是一个由 IMF 序列组成的具有冗余信息的高维数组，需要对其进行降维处理。采用 PCA 技术进行降维，可获得富含信息的主成分及其相应的方差贡献率和 CCR。沪深 300 指数训练数据集经过 PCA 降维以后产生的各个主成分的方差贡献率和 CCR 如表 2 所示。可以看到在降维后得到的前 6 个主成分的 CCR 就达到了 87.9372%，超过了 85% 的常用标准。取前 20 个主成分时，其 CCR 更是达到了 99.99%。为了更好地训练模型，提高预测精度，我们将保留前面 20 个主成分及其对应的方差贡献率作为沪深 300 指数的特征集，输入 KNN 进行信息融合预测。

表 2　沪深 300 指数的主成分方差贡献率及 CCR

主成分序号	方差贡献率	CCR	主成分序号	方差贡献率	CCR
1	52.8302%	52.8302%	11	1.1612%	96.5340%
2	15.4979%	68.3281%	12	0.9606%	97.4946%
3	7.5220%	75.8501%	13	0.7868%	98.2814%
4	5.2103%	81.0604%	14	0.6228%	98.9042%
5	3.8890%	84.9494%	15	0.4421%	99.3463%
6	2.9878%	87.9372%	16	0.2910%	99.6373%
7	2.3447%	90.2819%	17	0.1915%	99.8288%
8	1.9695%	92.2514%	18	0.1058%	99.9346%
9	1.6975%	93.9489%	19	0.0402%	99.9748%
10	1.4239%	95.3728%	20	0.0152%	99.9900%

5　模型实证与分析

我们构建了一个具体的 FEPK 预测模型 FEPK_CSI 300_D1 预测沪深 300 指数（CSI 300）$t+1$ 日线收益率，根据式（20），该模型可以具体表达为

$$R(t+\lambda) = \text{KNN}\left\{\text{PCA}^*\left[\text{FEMD}(\text{CSI}\,300\_\text{D1}\_\text{DR}(t,w)),\alpha\right],k\right\} \tag{22}$$

表 3 显示了 FEPK_CSI 300_D1 预测模型在样本外测试的命中率，在 $w=300$ 和 $k=4$ 时，达到了最佳命中率 0.7542（75.42%）。因此，对于预测沪深 300 指数的 $t+1$ 日线收益率来说，FEPK_CSI 300_D1 是一个预测效能优秀的预测模型。

表 3　FEPK_CSI 300_D1 预测沪深 300 指数 $t+1$ 日线收益率在不同的 w 和 k 最邻近元上的命中率

滑动窗口宽度 w	命中率							
	$k=1$	$k=2$	$k=3$	$k=4$	$k=5$	$k=6$	$k=7$	$k=8$
100	0.6969	0.7153	0.7072	0.7031	0.7010	0.7521	0.7501	0.7256
150	0.7119	0.7136	0.7157	0.7428	0.7161	0.7177	0.7140	0.7265
200	0.7203	0.7224	0.7096	0.7117	0.6861	0.6776	0.6499	0.6456
250	0.6815	0.6466	0.6967	0.6989	0.7338	0.7294	0.7512	0.7490
300	0.7122	0.7256	0.7367	0.7542	0.7256	0.7145	0.6900	0.7033
350	0.7262	0.7148	0.7308	0.7125	0.7103	0.6989	0.6897	0.6852

为了更进一步对比、验证 FEPK 预测模型的有效性，我们用沪深 300 指数的历史价格时间序列同样训练和测试了 FEMD+KNN 和 KNN 预测模型。为了更为直观地对比不同模型的预测效能，我们仅选取实证结果中最高命中率进行比较，对比结果如表 4 所示。其中最高命中率是由 FEPK_CSI 300_D1 模型的预测结果得出，达到了 0.7542（75.42%）。对表 4 中各个模型的命中率进行比较分析，容易得出 FEPK

模型的预测精度优于 FEMD+KNN 模型，而 FEMD+KNN 模型的预测精度又优于 KNN 模型。这也证实了 FEMD 后得到的 IMF 分量可以更有效地展示数据特征，提高预测精度。同时说明了经过 PCA 降维处理后保留的主成分可以最大限度地保留数据的原始信息。

表 4　FEPK 模型与 FEMD+KNN、KNN 模型的预测效能对比结果

具体模型		最高命中率
沪深 300 指数 $t+1$ 日线收益率	FEPK_CSI 300_D1	0.7542
	FEMD+KNN_CSI 300_D1	0.7294
	KNN_CSI 300_D1	0.6963

6　结论

本文提出了一种基于复杂非线性特征提取过程和加权 KNN 回归的金融时间序列预测模型——FEPK 模型。该模型的整体结构是具有创新性的；特征提取过程对于金融时间序列来说，具有特征提取的适应性、全面性和正交性；采用以 PCA 负荷作为权重的加权 KNN 进行预测，比简单的 KNN 更合理，分类效果更好，具有更好的预测性能。在预测沪深 300 指数的实证结果上也证明了 FEPK 模型的有效性。但如何将这种可预测性与市场中的投资风险管理和交易策略相结合，还需要进一步的研究。

在后续的研究中，我们将考虑多元信息输入的情况，如增加开盘价、最高价、最低价和交易量。另外，我们会继续探索更有效的特征提取方法和预测方法，如"自编码器""随机森林"等。

参 考 文 献

[1] Abu-Mostafa Y S，Atiya A F. Introduction to financial forecasting[J]. Applied Intelligence，1996，6（3）：205-213.

[2] Qin M J，Li Z H，Du Z H. Red tide time series forecasting by combining ARIMA and deep belief network[J]. Knowledge-Based Systems，2017，125：39-52.

[3] Engle R F. Autoregressive conditional heteroscedasticity with estimates of the variance of United Kingdom inflation[J]. Econometrica，1982，50（4）：987-1007.

[4] Bollerslev T. Generalized autoregressive conditional heteroskedasticity[J]. Journal of Econometrics，1986，31（3）：307-327.

[5] Ravi V，Pradeepkumar D，Deb K. Financial time series prediction using hybrids of chaos theory，multi-layer perceptron and multi-objective evolutionary algorithms[J]. Swarm and Evolutionary Computation，2017，36：136-149.

[6] Galeshchuk S. Neural networks performance in exchange rate prediction[J]. Neurocomputing，2016，172：446-452.

[7] Sermpinis G，Stasinakis C，Theofilatos K，et al. Modeling，forecasting and trading the EUR exchange rates with hybrid rolling genetic algorithms-support vector regression forecast combinations[J]. European Journal of Operational Research，2015，247（3）：831-846.

[8] Huang N E，Shen Z，Long S R，et al. The empirical mode decomposition and the Hilbert spectrum for nonlinear and non-stationary time series analysis[J]. Proceedings：Mathematical，Physical and Engineering Sciences，1998，454（1971）：903-995.

[9] 丁志宏，谢国权. 金融时间序列多分辨率实证研究的 EMD 方法[J]. 经济研究导刊，2009，（6）：61-63.

[10] 王文波，费浦升，羿旭明. 基于 EMD 与神经网络的中国股票市场预测[J]. 系统工程理论与实践，2010，30（6）：1027-1033.

[11] Islam M R，Rashed-Al-Mahfuz M，Ahmad S，et al. Multiband prediction model for financial time series with multivariate empirical mode decomposition[J]. Discrete Dynamics in Nature and Society，2012，2012：21.

[12] 张承钊，潘和平. 基于前向滚动 EMD 技术的预测模型[J]. 技术经济，2015，34（5）：70-77.

[13] Tsai C-F，Hsiao Y-C. Combining multiple feature selection methods for stock prediction：union，intersection，and multi-intersection approaches[J]. Decision Support Systems，2010，50（1）：258-269.

[14] Pearson K. On lines and planes of closet fit to systems of points in space[J]. Philosophical Magazine，1901，2（11）：559-572.

[15] Hotelling H. Analysis of a complex of statistical variables into principal components[J]. Journal of Educational Psychology，

　　　　1933，24（6）：417-441.

[16] Roll R，Ross S R. An empirical investigation of the arbitrage pricing theory[J]. The Journal of Finance，1980，35（5）：1073-1103.

[17] 徐国祥,杨振建. PCA-GA-SVM 模型的构建及应用研究——沪深 300 指数预测精度实证分析[J]. 数量经济技术经济研究，2011，28（2）：135-147.

[18] 刘飞虎，罗晓光. 基于 PCA-RBF 神经网络的商业银行财务风险评价研究[J]. 投资研究，2013，（3）：88-97.

[19] Cover T，Hart P. Nearest neighbor pattern classification[J]. IEEE Transactions on Information Theory，1967，13（1）：21-27.

[20] Teixeira L A，de Oliveira A L I. A method for automatic stock trading combining technical analysis and nearest neighbor classification[J]. Expert Systems with Applications，2010，37（10）：6885-6890.

[21] 王利，周美娇，张凤登，等. 基于剪辑最近邻法的股市趋势的模式识别分类研究[J]. 微计算机信息（测控自动化），2010，26（12/1）：237-239.

[22] CSDN.四大机器学习降维方法[EB/OL]. https://blog.csdn.net/rosenor1/article/details/52278116[2017-08-06].

[23] Pan H P，Haidar I，Kulkarni S. Daily prediction of short-term trends of crude oil prices using neural networks exploiting multimarket dynamics[J]. Frontiers of Computer Science in China，2009，3（2）：177-191.

[24] 胡局新，张功杰. 基于 K 折交叉验证的选择性集成分类算法[J]. 科技通报，2013，29（12）：115-117.

Prediction Model Based on a Nonlinear Feature Extraction and Weighted K-Nearest Neighbor

TANG Li[1]，PAN Heping[2]，YAO Yiyong[1]

（1. School of Intelligent Finance，Tianfu College of Southwestern University of Finance and Economics，Chengdu 610052，China）

（2. Business School，Chengdu University，Chengdu 610106，China）

Abstract　This paper proposes an intelligence financial prediction model consists of a forward rolling Empirical Mode Decomposition（FEMD）for financial time series signal decomposition，Principal Components Analysis（PCA）for dimension reduction，and a weighted K-Nearest Neighbor for prediction. Generally，the structure of this model is original. The feature extraction process integrating FEMD and PCA is an advanced special extraction method for financial time series signal analysis. It has the adaptability，comprehensiveness and orthogonality of feature extraction. Moreover，the weighted KNN with PCA loading as weights is more reasonable and has better effect on classifying than a simple KNN，thus it has better prediction performance. The empirical results on CSI 300 prediction has confirmed that the FEPK model performs better than others.

Key words　EMD，PCA，KNN，Feature extraction，Prediction

作者简介

　　唐黎（1984—），女，西南财经大学天府学院智能金融学院副院长、金融工程博士，研究方向：金融工程和智能金融。E-mail：tina@tfswufe.edu.cn。

　　潘和平（1961—），男，成都大学高等研究院教授、重庆金融学院智能金融研究中心主任教授、武汉大学遥感金融联合研究中心执行主任、博士生导师、长江学者,研究方向:金融工程和智能金融。E-mail：panhp@swingtum.com。

　　姚一永（1975—），男，西南财经大学天府学院副校长、副教授，研究方向：智能金融、量化交易和数据分析。E-mail：yiyongyao@yahoo.com。